Christine Rettberg

...den Herbst in Rom

Was aus lang gehegten Wünschen so alles werden
kann. Ein Erfahrungsbericht

Bibliographische Information der Deutschen Nationalbibliothek
Die Deutsche Nationalbibliothek verzeichnet diese Publikation in der Deutschen Nationalbibliographie, detaillierte
bibliographische Daten sind im Internet unter http://dnb.dnb.de abrufbar

Herstellung und Verlag:
BoD – Books on Demand, Norderstedt
c.e.c.singh@freenet.de
Umschlagfoto von Christine Rettberg

ISBN: 9783746018621

Über das Buch

Rom, großartige Stadt am Tiber und dem Straßenmüll. Ewige Stadt der römischen Monumente, Spaghetti und Belle Donne.

Christine Rettberg beschreibt, was ihr während einer dreimonatigen Auszeit in Rom gerade vor die Augen und die Feder – pardon – die Tastatur kommt.

Ein Reisebericht der amüsanten Art.

Inhaltsverzeichnis

Tja, nun sitze ich hier, schaue aus meinem fliegengitterbespannten Schlafzimmerfenster und staune.

Staune, dass ich es tatsächlich gemacht habe. Beinahe springe ich auf, recke die Faust in die Höhe und schreie „I did it". Natürlich tue ich es nicht, denn ich bin 50 und nicht von der sportlichen Erscheinung, um es freundlich auszudrücken. Mein großes Wohl und Wehe.

Nun ja, aber keiner kann mir verbieten, mit dem Gedanken zu spielen und auch das ist schon lustig. Kopfkino heißt das heute.

Ich habe das gemacht, was eigentlich viele wollen. Eine Auszeit nehmen. Ein Sabbatical. Für drei Monate. Nur ich, Rom und ein Sack voll Inspiration. Hoffe ich.

Klar, auch ich habe „Eat, pray, love" gesehen, ein Film, den mein liebster Ehemann übrigens nicht besonders leiden kann. Es ist, glaube ich, ein Film, für den sich nur Frauen begeistern können. Und vor dem Männer Angst haben, weil die Protagonistin Liz völlig irrational reagiert.

Und das bin ich nicht. Moment, irrational wahrscheinlich schon, denn ich bin ja eine Frau, aber ich bin nicht Liz. Ich liebe meinen Mann, meine Familie, mein Heim. Und doch war da immer der Traum, einmal drei Monate nach Rom zum Schreiben zu gehen. Nicht als Flucht. Auch nicht als Selbstfindungstrip, nein, einfach, weil es schön ist, weil ich mich was trauen will und weil man seine Träume ja schließlich leben soll, wie es immer so schön heißt.

Ciao Bella!

Ich habe das große Glück, einen liebe- und verständnisvollen Ehemann zu haben.

Es fing bei einem Frühstück vor eineinhalb Jahren an, als ich versonnen äußerte, einer meiner großen Träume sei es, einmal drei Monate zum Schreiben nach Rom zu gehen. Seine Reaktion: „Warum machst du es dann nicht?" verblüffte mich. „Äh, Haus, Kinder, Arbeit?" entgegnete ich und ließ mal lieber „Angst" beiseite, weil „Angst gildet bestimmt nicht", wie wir als Kinder zu sagen pflegten.

„Das kriegen wir schon hin", beschied mir mein liebster Ehemann.

Aha. Da hatte ich es. Wer sagte noch gleich, pass auf, was du dir wünscht, es könnte in Erfüllung gehen?

Nun denn, nach einer Vorlaufzeit – Gespräche mit dem Arbeitgeber, Kinderorganisation etc. waren schließlich nötig – machten mein Mann und ich uns auf den Weg. Das gemeinsame Ziel war zunächst Venedig und am Montag war es dann soweit. Ich stieg in den Bus nach Rom und er blieb draußen stehen.

Oh je! Hatte ich das richtig gemacht? Am liebsten würde ich ihn jetzt unter den Arm klemmen und mitnehmen. Aber sein Arbeitgeber würde da mehr Tamtam drum machen, als Apothekerin bin ich schließlich eher ersetzbar. Ich spürte, wie schwer es ihm fiel, mich ziehen zu lassen. Auf mich wartet das Abenteuer. Auf ihn die Waschmaschine. Da muss man schon seeehr großherzig sein.

Erster Eindruck

Ich bin nicht zum ersten Mal in Rom. Meine Eltern erfüllten mir schon zu meiner Konfirmation diesen Wunsch, die große Stadt der römischen Antike zu sehen. Damals war ich noch sicher, dass ich Archäologie studieren würde. Ich bereitete mit 14 die gesamte Stadtführung für eine Woche vor. Freiwillig. Und sie war tatsächlich interessant. So sagten mir zumindest die stolzen Eltern.

Seitdem bin ich noch viele Male hier gewesen, manchmal zwei Tage, manchmal eine Woche, noch niemals jedoch drei Monate.

Als ich diesmal vom Busbahnhof Porta Tiburtina in ein Taxi stieg, fand ich mal wieder alles eklig. Der Taxifahrer, obwohl sehr nett, durfte wahrscheinlich noch ganze drei Zähne sein eigen nennen, das Taxi sah aus, als hätte es jemand von innen mit Kohle eingerieben und es stank nach Zigarettenqualm. Ich war müde, mir war heiß, meine 35 Kilo Gepäck korrelierten nicht gut mit meinen diversen Kilos Lebendgewicht. Unsicher, ob er mir den richtigen Preis für die Fahrt quer durch die Stadt abknöpfen würde, irritiert von dem halben Verkehrsinfarkt, der sich vor meinen Augen abspielte und verängstigt von dem Tempo, mit dem er spielend zwischen, vor und hinter den anderen Autos her lavierte, sah ich meinem ungewissen Schicksal entgegen.

Die Stadt, mal wieder laut, heiß, dreckig, ich verschwitzt, klebrig müde. Nicht gut.

Wir kamen dann irgendwann an, in einer schmuddeligen Wohnsiedlung, mit komisch, betonierten Neubauten aus den Siebzigern. Ein paar Bäume fristen tapfer ihr Dasein im Straßenstaub. Die Polizeisirene bohrt sich einem in die Ohren. Was soll sie machen, sonst geht und fährt hier schließlich keiner zur Seite.

Von Ferdinando, meinem Vermieter, werde ich zurückhaltend empfangen. Mein Italienisch reicht über Einkaufsphrasen kaum hinaus, da wird eine freundliche Diskussion nun einmal schwierig. Das Zimmer mutet mir erst wie eine Kellerwohnung an, zudem riecht es, als wäre es bisher jeden Abend als Pokerzimmer zweckentfremdet worden. Prost Mahlzeit.

Die Wohnung ist abgesichert wie ein Hochsicherheitstrakt, zwei doppelte Schlösser an der Tür, vor den Fenstern massive Gitter, die Terrassentür mit einer dicken Eisengittertür, die abschließbar und noch mit einem dicken Hängeschloss gesichert ist. Ach du je. Hat man Angst, dass ich raus will oder jemand reinkommt?

Die nächste Katastrophe ereilt mich in der Garage.

Mein liebster Ehemann hat mir zum Geburtstag einen Motorroller geschenkt. Und ja, ich habe mich darüber sehr gefreut. Eine supertolle Überraschung.

Nun stehe ich vor dieser supertollen Überraschung.

Statt der schnittigen, knallroten Automatikvespa meiner Träume, steht ein ausgeblichenes, altersschwaches Etwas mit Gangschaltung vor mir. Die Papiere weisen sie als gebürtig 1995 aus. Eine halbe Ewigkeit, will mir scheinen. Na, vielleicht gar nicht so schlecht. Eine Delle mehr oder weniger wird ihr nichts ausmachen. Und klauen wird man sie auch nicht so schnell wollen. Ist doch was. Aber wie soll ich sie nur fahren? Ich beschließe, die Angelegenheit noch einen Tag auf sich warten zu lassen und gehe mit meinem Vermieter durch die drei gesicherten Tore zurück. Vielleicht sollte ich mir Notizen zu den gefühlt tausend Schlüsseln machen, die ich mittlerweile in der Hand halte?

Ein Lichtblick: Ich werde zum Abendessen eingeladen. In zwei Stunden. Die Tür fällt ins Schloss.

Was habe ich mir da nur eingebrockt? Ich lasse mich auf einen der ultramodernen Swingsessel fallen, die vor zwanzig Jahren schon bessere Tage gesehen haben.

Da fällt ein Gedanke wie ein Rettungsanker in meinen Sinn: warte es erstmal ab. Du hast viele Dinge am Anfang blöd gefunden. Gib dir Zeit, dich daran zu gewöhnen.

Ok. Ich pack dann erstmal aus. Räume die eine Schrankseite aus, an die ich leichter rankomme, im Moment befinden sich noch Tischdecken und Handtücher darin, und räume meinen Kram hinein. Ist das eine leichte Staubschicht, die hier alles überzieht? „Christine", ermahne ich mich. „Du hast selber keinen Putzfimmel. Warum beschwerst du dich hier?"

Dann gehe ich einkaufen.

Der Supermarkt ist gerade einen Steinwurf entfernt. Auf halbem Weg sitzen junge Männer wahrscheinlich nicht italienischen Ursprungs herum und ... nun... und sitzen eben einfach da. Ich sollte später abends hier wohl nicht langgehen. Es ist sieben Uhr. Müsste noch hinhauen. Ich stolpere weiter.

Der Supermarkt befindet sich im Untergeschoss eines unspektakulären Einganges. Er ist gut sortiert und hat vernünftige Preise. Viele Angebote. Ich erstehe die wichtigsten Dinge. Nein, nicht Wein, d.h. nicht nur, ich kaufe Käse, Tomaten, Bresaola, Oliven. Denn, noch ein Stolperstein für mich, es gibt nur einen Gasherd. Oh weh! Ich habe Angst vor Feuer. Aber sowas von. Todesmutig kaufe ich mir trotzdem ein Paket Nudeln. Fürs erste soll aber die kalte Küche reichen. Keks dazu, ich lieb schon seit Ewigkeiten „Mulino Bianco", was der Mensch halt so braucht.

Um halb neun, äußerst pünktlich, klingelt Ferdinando. Es regnet und ich bekomme einen Schirm in die Hand gedrückt, denn wir müssen um die Ecke gehen.

Ich betrete im vierten Stock eine schön eingerichtete Wohnung und setze mich an den gedeckten Tisch. Die Hausherrin Anna redet mit Händen und Füßen. Sie bekommen Antworten aus mir heraus, von denen ich nicht vermutet hätte, sie auf Italienisch formulieren zu können. Das Essen ist schmackhaft, nicht zu überkandidelt, aber vier Gänge, der Wein extrem lecker. Hier übrigens merke: Italiener trinken zum Essen immer zunächst Weißwein. Erst später kommt, vielleicht, der bei uns so beliebte italienische Rotwein hinzu. Die Stimmung wird lockerer. Der Abend ist richtig schön.

Als ich in meiner Wohnung bin und noch einen Absacker trinken will, stelle ich fest, dass Anna mir einen Weißwein, Wasser und zwei Dosen Bier in den Kühlschrank gestellt hat. Ich bin gerührt. Vielleicht war das mit Rom doch keine so dumme Idee.

Alles eine Frage der Zeit

Was tue ich am ersten Tag in Rom? Ich genieße das, was mir am meisten abgeht, die Zeit. Lentamente! Wie der Italiener so zu sagen pflegt. Langsam. Oder vielleicht noch mehr: Tranquillamente, was ruhig, gelassen heißt.

Als ich den Kopf zur Tür heraus stecke, kommt mir alles schon nicht mehr so abstoßend vor. Die Luft ist noch frisch, der Himmel blitzblau. Ich steige in den Bus, den mir Google-Maps genannt hat, um zum Palazzo Doria Pamphilj zu kommen und bleibe eine Stunde drin sitzen, weil ich nicht weiß, wo ich aussteigen soll. Pech gehabt, informieren geht über einsteigen. Am Agricoltura im Viertel „EUR", also dem von Mussolini errichteten Stadtteil Roms, steige ich in einen Bus, nachdem ich gefragt habe und lasse mich zum Piazza Venezia kutschieren. Die Sache mit dem Fahrkartenabstempeln hatte sich übrigens verdächtig ruhig angehört, und am nächsten Tag stelle ich fest, dass ich wohl an diesem Tag nur schwarzgefahren bin. Merde! Soll heißen Sch... hört sich auf Italienisch aber doch so viel schöner an!

Gut, also ich steige am Piazza Venezia aus, einem der Touristenknotenpunkte Roms. Ein seltsames Gefühl überfällt mich. Ich bin ruhig. So ruhig. Um mich herum das Touristengewusel, doch mich kann das gar nicht berühren. Ich habe Zeit! Langsam schlendere ich zur Galleria, denn nur die habe ich heute im Visier. Ein Palazzo, für den ich mir nie Zeit genommen habe und er passt wunderbar in mein Programm. Denn hier ist kaum ein Mensch. Draußen strömen die Massen vorbei, doch hier im Innenhof rauschen die hohen Palmen im Wind. Das Licht fällt schräg und setzt wunderbare Schatten in den Gang.

Ja! Ich will alles! Bilderausstellung und private Appartements!

Ich liebe es, wenn ich allein mit Bildern und Räumen auf du und du bin. Kaum Besucher hier. Natürlich schlecht fürs Geschäft, aber gut für meine unruhige Seele. Die Säle sind beeindruckend schön, die Bilder, obwohl bunt zusammengestellt, hochklassig bis hin zu Velazquez berühmten Gemälde von Papst Innozenz. „Zu ähnlich! Zu ähnlich!" soll der entsetzt gerufen haben, als es ihm von Velazquez präsentiert wurde.

Ein paar Bilder Caravaggios hängen hier. Ich glaube, viele sind von ihm sowieso nicht erhalten. So um die sechzig. Also ist das hier schon viel. Dann geht es zu den privaten Appartements. Nur eine andere Dame ist mit dabei. Sie ist Deutsche wie ich. Ihren Mann interessiere das alles nicht, deswegen fahre sie inzwischen immer alleine in die Metropolen. Paris, Prag. In Rom ist sie zum dritten Male. Na sowas! Rom, Stadt der einsamen Frauen, oder was?

Irgendwann lande ich wieder zu Hause.

Und mache einen italienischen Abend. Der Bresaola, die Oliven und ich. Und eine Flasche Weißwein. Wie die echten Italiener.

Nein, meine Vespa will ich nicht! Oder doch?

Ich stehe davor und muss es jetzt wagen. Ich habe es geschafft, den Hochsicherheitsbereich der Garage zu öffnen. Das Nummernschild habe ich in der Tasche, den Brief von Anna-Julia, der jungen Vorbesitzerin meines Rollers, auch, in dem sie mir noch einige Tipps gibt.

Ha! Ich müsste erstmal eine Grundahnung haben!

Nun gut, frisch ans Werk. Unterm Sitz war doch Stauraum. Nach einigem Hin und Hergezicke gibt der Sitz auf und lässt sich öffnen. Fehlanzeige. Ein schmutziger Tankdeckel starrt mir entgegen. Hier kommt wohl diese seltsame Öl-Benzin-Mischung herein, von der Anna-Julia schreibt. Aha. Dann mal das ganze Ding drehen, denn es steht mit der Schnauze zur Wand. Leider kann ich dann nur noch Kurven fahren, denn das Rad steht schief. Gut, dass mich hier unten keiner sieht. Nach einigen Minuten Bedenkzeit fällt mir ein, dass es vielleicht am Lenkradschloss liegen mag. Eben wie beim Auto. Und klick! Auf wunderbare Weise löst sich das Schloss und ich kann auf geraden Wegen aus der Garage heraus.

Ferdinando hatte mir am ersten Abend gezeigt, wo ich hin sollte, denn hier gibt es an jeder Ecke Gommista und Werkstätten für Motorinos. Inzwischen bin ich zittrig auf den Beinen, denn so einen Roller ohne Motor eine schiefe Ebene hinaufzufahren grenzt an Gewichtheben. Wenn ich mich nur nicht so blöd anstellen würde!

Irgendwann lande ich dann bei der Werkstatt. Netterweise tauschen sie mir das Nummernschild aus und ich frage beherzt, ob sie mir zeigen könnten, wie ich mit dem Motordings umgehen muss. Ich bekomme einen Termin für Freitagmorgen um halb neun. Oder neun. Je nachdem. Das trifft sich gut, denn mit Anna und Ferdinando hatte ich ausgemacht, dass es am günstigsten wäre, am Sonntag ein paar Fahrversuche zu machen.

Wie ich das Höllengefährt wieder zurückbekam, und was ich tat, als es auf dem Weg bergab in die Tiefen der Garage plötzlich bockte, will ich lieber nicht erzählen, denn es ist zu peinlich, einzugestehen, dass ich aus Versehen einen Gang eingelegt hatte und deswegen das kleine Tierchen bockte, so dass ich es quasi auf den Hinterläufen in seinen Stall schleifen musste.

Ein Tag am Meer

Rom liegt am Meer. Zumindest gefühlt. Eigentlich fährt man zum Lido di Ostia, der Sommerfrische der Römer. Ostia, der antike Hafen, liegt durch Versandung inzwischen 7 km landeinwärts.

In meinem Reiseführer stand aber, dass man, wenn man's ruhiger liebt, nach Santa Marinella kurz vor Civitavecchia fahren soll. Der Bahnhof läge 500 Meter vom Strand entfernt.

Na, ob das mal stimmt? Das wäre ja zu schön um wahr zu sein.

Nun gut. Dieser Tag gehört dem Meer. Einfach auf einer Liege unter einem Strandschirm den Tag verträumen, das wär's für heute.

Ich steige in die um die Ecke liegende Metro ein. Nee halt. Ich habe das Gefühl, als würde ich die Eingeweide der Erde betreten, denn ich muss Treppen um Treppen, Rolltreppe, wieder Treppe hinunter. Bald müsste ich den Erdkern erreicht haben. Wollte man sicher gehen, dass auch keine steinzeitlichen Siedlungen vom U-Bahnbau berührt wurden? In London liegen schließlich mehrere Linien übereinander, aber in Rom gibt es nur zwei, bis jetzt, eine dritte ist in Bau. Und diese zwei Linien kreuzen sich einmal. Erstaunlich...

Naja, einmal drin, komme ich relativ rasch, verglichen mit dem Bus, am Hauptbahnhof von Rom Stazione Termini an.

Am Fahrkartenautomat möchte ich ein Ticket ziehen, die Schlange am einzigen geöffneten von etwa zehn Schaltern ist mir definitiv zu lang. Und da ist es wieder, was ich hier absolut nicht leiden kann. Ein junger Mann baut sich neben mir auf und fragt mich, ob er mir helfen kann. Oh Mann! Ich suche sein T-Shirt ab. Kein Zeichen eines Serviceunternehmens oder der Bahn. Nichts.

„Christine, nicht immer so negativ!" ermahne ich mich.

Ja, gut, ich will nach Santa Marinella.

Ah, so, ans Meer und so.

Genau.

„Ja, hier drücken und da und für den Rückfahrtschein hier" – und siehe da, 9,60 Euro.

Der Preis ist gut, denke ich mir. Sind schließlich 70 km bis dahin

Der junge Mann beginnt auf Deutsch mit mir zu reden. Düsseldorf, Köln, Oberhausen. Da hat er mal gearbeitet. Jaja, 1.FC Köln ist klasse. Und jetzt soll ich ihm doch bitte einen Kaffee ausgeben.

Meine Skepsis scheint mal wieder recht behalten zu haben. Portemonnaie hatte ich sowieso auf meiner anderen Seite festgekrallt, aber dieses oft genug berechtigte Misstrauen stört mich.

Und ich ergreife die Flucht, während ich den Typen noch hinter mir herpöbeln höre.

Dann muss ich wieder einen elenden Fußmarsch hinlegen, da die Gleise nach Civitavecchia wie beim Starnberger Bahnhof in München nach hinten versetzt liegen.

Endlich sitze ich im himmlisch klimatisierten Zug und fahre los.

Der Bagel, den ich mir unterwegs gekauft habe, schmeckt traumhaft. Frischkäse, Tomate, Basilikum. Fantastisch!

Dann schlage ich das Buch auf, das ich mir zur Unterhaltung mitgenommen habe, und blicke sozusagen in einen Spiegel.

Ich grinse in den leeren Zug hinein.

Meine Freundin Imke hat mir kurz vor der Abfahrt aus Deutschland noch eine Lektüre zugesteckt. Meike Winnemuth – Das große Los. Die Autorin hatte in einer Quizshow 500.000 Euro gewonnen und sich einen Herzenswunsch erfüllt: ein Jahr lang jeden Monat eine andere Stadt – Sidney, Buenos Aires, Shanghai, London usw.

Klar, ein anderer Ansatz, aber was mich fasziniert ist folgendes: „Das Glück, so scheint es, findet sich oft im Konjunktiv: Man müsste mal. Wie wäre es wohl, wenn. Man trottet so durchs Leben, das sich manchmal anfühlt, als ob es ein anderer für einen geplant hätte. Kein schlechtes Leben, überhaupt nicht. Aber diese leise Stimme, die sagt: Da geht nochwas, das war noch nicht alles."

Genau!

Machen, was man immer schonmal machen wollte. Klar, hängt das auch vom Geldbeutel ab. Aber man kann auch überlegen, ob es das nicht auch in erschwinglich gibt. Soll es eine andere Stadt sein, dann vielleicht ein Wohnungstausch. Der Anfängerkurs Japanisch in der Volkshochschule. Backkurs für Türkische Süßigkeiten, Nordlandfahrt, was weiß denn ich. Welche Wünsch hast du? Was lässt sich realisieren? Und jetzt nicht gleich nein sagen. Einfach mal überlegen. Und wäre nicht ein Kompromiss als Anfang auch nicht schlecht?

Ich kenne so viele, die unzufrieden ihren Trott laufen. Warum denn das? Angst? Pah! Die ist dazu da, überwunden zu werden.

Ein Satz hat sich mir bei einer Jugendfreizeit der Schule eingeprägt: Wenn du es nicht versuchst, weißt Du nicht, wie es gewesen wäre wenn. Und dafür bin ich, trotz meiner Ängste, viel zu neugierig!

Dann steige ich nach meinen Grübeleien aus dem Zug, und was soll ich sagen: Höchstens 500 Meter zum Meer. Ein traumhafter Sandstrand breitet sich vor mir aus. Kaum Leute da. Klar, ich weiß, in Italien musst du für jeden Strand zahlen. Aber es sind zwei Euro für die Strandbenutzung mit Klo und Umkleide. Den Schirm und die Liege, die ich mir gönne, hat was mit meinem „Ich-bin-hier-alleine" Status zu tun. Mit der Familie wäre mir das zu teuer und auch nicht nötig gewesen. Ich weiß zwar nicht, was eine Metallliege und ein lustiges Sonnenschirmchen für Sicherheit bieten soll, ab so isses nunmal.

Irgendwann hört auch die Ansprache der farbigen Verkäufer auf, die mir Decken, Jacken, Schmuck verkaufen wollen. Alles ok, solange sie auf mein „Non voglio – ich will nicht!" reagieren.

Und dann ist es wieder da, das Gefühl, das ich hier in Italien jetzt schon öfter hatte. Einfach die Gedanken schießen lassen. Nicht überlegen müssen, wer zum Zahnarzt muss, wann die nächste Chorprobe ist, welche Kollegin Urlaub hat, wann die Wäsche gewaschen werden muss, wieso heute keine Post gekommen ist, ob ich mal Tante Margret anrufen soll....nur weiße Wölkchen am Himmel. Und in meinem Kopf...

La dolce far niente!

Heute ist etwas sehr, sehr seltsames passiert.

Nachdem ich ein Date mit meiner Lieblingswerkstatt hatte – naja, kenne ja auch keine andere – und ich voll freudiger Erwartung des Abends harre, aber davon später, bin ich in ein Café geschlendert.

In diesem Café gab es nur einen Tarif, d.h. man durfte bezahlen und sich an einen Tisch drinnen oder draußen setzen. Für 2,80 Euro Cappuccino und Neapolitano, ein etwas trockenes Gebäck, wie ich finde. Da saß ich dann, blätterte in meinem Reiseführer, betrachtete die Menschen um mich herum, las wieder ein bisschen, schlürfte meinen Cappuccino.

Dann spazierte ich wieder nach Hause und tat – nichts! Und gerne nichts.

Wann habe ich denn bloß das letzte Mal nichts getan? Naja, auch dieses „nichts" ist nicht ein wirkliches Nichts. Immerhin habe ich Wäsche gewaschen (5 Minuten zum in die Waschmaschine packen. etc., später 10 Minuten zum Aufhängen). E-Mails geschrieben, mich über Facebook an die ergriffene Gemeinde gewandt, einen kurzen Artikel korrigiert, aber dazwischen: nichts!

Ich bin begeistert. Es sollte gesetzlich verordnet werden, denn ich spüre, wie die Spannung nachlässt. Die innerliche. Es wird noch dauern, bis ich mich als relaxt bezeichnen würde, aber das ist doch schon mal was!

Es sieht so aus, als hätte ich die ersten Tage gebraucht, um mich zu vergewissern, dass ich tatsächlich in Rom angekommen bin. Mein Rom. Steht die Hochzeitstorte, pardon, das Monumento des Vittorio Emanuele noch? Ist das Gewimmel auf den Straßen immer noch das selbe? Ja, ist es. Und so konnte ich mich heute zurückziehen und dem frönen, was Römer so gerne zur höheren Lebensform erheben: das „Dolce far niente", das süße Nichtstun. Sicherlich kein Dauerzustand. Als pflichtbewusste Deutsche verliere ich natürlich nicht aus den Augenwinkeln, was noch getan werden muss, aber es ist nur noch ein klein bisschen zu sehen und nicht mehr im Fokus. Ich lasse meinen Gedanken freien Lauf. Denke hier, denke da. Nichts Bestimmtes. Für den Rest gilt: Ja, mach ich noch. Irgendwann.

Zurück zu meinem Sorgenkind, der, ich sag jetzt mal einfach, Vespa.

Wie ich heute Morgen erfahren durfte, lässt sie sich problemlos starten. Sie stottert ein bisschen, wenn sie untertourig läuft, also an der Ampel oder so, das hatte mir ja auch schon Anna-Julia geschrieben. Deshalb wird jetzt der Vergaser gereinigt. Seit heute bin ich dann auch im Besitz eines wunderbaren neuen Wortes „carburatore". Vergaser! Was man nicht alles lernt!

Vom Glück des frühen Schlenderns

Habe mich heute Morgen um eine für mich recht unchristliche Zeit, 7.25 Uhr, aus dem Bett gequält und bin in den Bus 46 gestiegen. Um die Zeit sind eigentlich nur Römer unterwegs. Oder zumindest Leute die hier in Rom ihre Brötchen, „panini", verdienen.

Herrlich!

Die Sonne schmeißt so wundervolle Frühschatten durch die Gassen. Alles riecht frisch, für römische Verhältnisse, wohlgemerkt. Die Leute eilen zu ihren jeweiligen Beschäftigungen. Halt! Eilen ist nicht das richtige Wort. Sie sind zwar bestrebt, ihr Ziel zu erreichen, aber sie tun das auf eine unnachahmliche, römisch-elegante Weise. Krieg ich Trampel aus dem kühlen Deutschland nicht hin. Aber immerhin! Ich habe mich heute etwas getraut. Das wird mich zwar nicht unbedingt in der Kategorie Eleganz nach oben rücken lassen, sondern eher nach hinten katapultieren, aber ich habe es dennoch getan. Ich habe meine Leggings weggelassen!

Jawohl, meine Damen, mit Besenreisern, Krampfadern und Orangenhaut bis an die Füße! Und ich habe mich wie befreit gefühlt. Es ist ja nicht so, als laufe ich jetzt mit Hotpants rum. Das Kleid geht sittsam über die Knie. Aber erstens sind die Beine nicht mehr bleichweiß, sondern nur noch käsigweiß – das macht eine Menge aus! - und zweitens: mir doch egal! Ich kann jetzt nicht sagen, dass ich mit Begeisterung älter werde, aber das ist definitiv einer der Vorteile davon: manche Dinge werden einfach nebensächlich. Nun ja. Zumindest da, wo einen keiner kennt. Will mich ja nun nicht zu sehr aus dem Fenster lehnen.

Nun gut, ich gehe also mit beschwingtem Schritt, es ist einfach viel luftiger so, durch das morgendliche Rom Richtung „Campo de' Fiori", wo es morgens bunte Marktstände gibt, und freue mich über die kleinen Entdeckungen am Wegesrand. Eine wunderschöne alte Apotheke, die anscheinend schon seit hunderten von Jahren in dem Gebäude ansässig ist. Oder Wäsche, die auch hier wie in einer kleinen Provinzstadt quer vor die Fenster gespannt ist.

Der Markt ist tatsächlich mehrteilig, arbeitet im Schichtbetrieb, wie ich es gelesen habe. Noch sind große Tische mit Gemüse, Unmengen von Obst, Käse, Gewürzen und vielem mehr, was das Herz der Hausfrau begeistert, aufgestellt. Doch vorne am Markt, der vom Touristenstrom aus Richtung Piazza Navona zuerst erreicht wird, bauen Leute Souvenirs, „Prodotto d' Italia!" auf. Die Aussteller sehen zumindest größtenteils nicht so aus, als wären sie „Prodotti d' Italia". Naja, was der Tourist glauben will, das soll er. Eigentlich geht es doch nur darum, dass er glücklich und zufrieden wieder von dannen zieht.

Ich ziehe auch von dannen und zwar in ein Café in einer Seitenstraße mit Blick auf den Palazzo Farnese. Hier kann ich mich ausbreiten, meinen Cappuccino schlürfen und Leute beobachten. Neben mir pfeift der Besitzer des Zeitungskiosks „Und der Haifisch, der hat Zähne..."

Mir wird heute noch viel Zufälliges begegnen. Es ist schön, wenn man sich darauf einlassen kann und nicht durch einen – ja, ich geb's ja zu! – meist notwendigen Zeitplan daran gehindert wird.

So bin ich z.B. in der Chiesa Nuova gelandet. Hundertmal daran vorbei gefahren, nie reingegangen. Und da hängen drei große Rubensaltarbilder! Offenbar vor seiner Zeit, als er „der mit de dicke Weiber" wurde, wie meine Mutter immer sagte.

Gleich daneben gibt es ein Geschäft, das sich in kunstvollen Souvenirs versucht und dafür gleich einen neuen Namen erfunden hat, „Zaporazzi", eine freundliche Form des in Verruf geratenen „Paparazzi". Günstige T-Shirts mit schönen Drucken. Ich erstehe eines, das einen dicken Klecks hellblaue Eiscreme abbekommen hat, die auf einem schwarz-weiß Druck eines stilisierten römischen Gebäude thront. Bravo! Den Laden gibt es erst seit drei Monaten, wie ich von dem enthusiastischen bezopften Jung-Hippie erfahre. Sie könnten mehr Produkte haben, dann würde ich auch öfter kommen.

Immer noch ist Schlendern angesagt, obwohl mir hier dann doch immer mehr Touristengruppen – „hier ist das Fähnchen, such, hier ist das Fähnchen!" – entgegenkommen und brav ihre eingelaufenen Wege trotten.

Ach, ich sollte nicht so gemein sein. Rom ist toll. Und das darf jeder erfahren. Oder sollte zumindest die Gelegenheit dazu haben.

Hier ein Designergeschäft, da ein Kunstmaler, der mit Farben offenbar nicht geizt, denn man riecht es in der ganzen Gasse. Das Leben ist bunt in grauen Hinterhöfen.

Ach wäre es schön, meinen liebsten Ehemann bei mir zu haben!

Die noch leeren Steinbänke auf der Piazza Navona schreien beinahe nach dieser Zweisamkeit.

Dann entdecke ich die „Antiche Birreria Peroni", entdecken ist zuviel gesagt, ich habe davon gelesen. Fast wie eine Münchner Bierstube, aber eben auf italienisch. Seit 1909, wie es an der Wand steht. Und nur Römer! Es gibt eine Mittagskarte zu völlig unrömischen Preisen. Und das mitten in der Stadt. Noch ist es leer, denn sie haben um zwölf gerade erst aufgemacht, aber als ich um kurz nach eins gehe, wartet man am Eingang schon auf Plätze. Hier werde ich noch mal herkommen!

Morgen muss ich wieder einen Gang zurückschalten, denn ich werde nicht dauernd solche Entdeckungen machen können. Oder ist das in Rom doch möglich?

Wir werden sehen.

Sonntags immer

Heute ist Sonntag. Und natürlich eine prima Gelegenheit, ein paar Worte über das religiöse Leben in dieser Stadt zu verlieren.

Rom ist nicht nur die Stadt der Touristen, sondern, wir alle wissen es, die Stadt des Katholizismus. Ich betone hier gerne, dass ich begeisterte Anhängerin des Luthertums bin, also möge man mir manches an dieser Stelle verzeihen.

Man begegnet in Rom nicht nur jeder Menge Touristen, sondern auch jeder Menge Ordensleuten, wobei die Schnittmenge sicherlich durchaus groß ist.

Einmal eine Audienz beim Papst, das isses! Ich find den Mann ja auch interessant. Er stellt für mich immerhin eine Art Wahlmonarchie seit dem Jahre 40 n.Chr. dar, das ist doch 'ne tolle Sache! Aber der Zauber, der da manchmal veranstaltet wird!

Als ich am zweiten Tag in die Stadt gefahren bin, ich wollte für die Ferien eine Führung unter dem Petersdom organisieren, kam mir eine Braut entgegen. Mit unter den Arm gekrallter Schleppe und Mitgliedern eines Musikcorps zur Seite. Och, wie lustig, denke ich, eine Trauung! Die hatte wahrscheinlich Glück, der Papst persönlich! Und ich grinse in mich hinein. Da kommt die nächste Braut. Diesmal ein enges Bustierkleid, mit passendem Gatten an der Seite. Immer mehr kommen eiligen Schrittes aus den Kolonnaden auf mich zu und an mir vorbei geströmt. Was is denn hier los? Massentrauung wie in Korea?

Vor dem Petersdom stehen mindestens 500 Stühle in einem abgetrennten Areal, sehe ich, als ich aus den Kolonaden des Bernini, die den Petersplatz gleichsam wie Arme umfangen, heraustrete. Da kommt jetzt noch eine dunkelhäutige Frau an mir vorbei, möglicherweise Karibik, im schicken weißen Fummel mit weißem Kopftuchturban und zwei Brautjungfern mit ähnlichen Kleidern, aber schrillbunt. Was für ein Anblick!

Ich frage einen Schweizergardisten, was denn da nur los sei. „Ach, das sei nur die Segnung der frischgetrauten Paare, findet alle drei Monate statt."

Naja, ich hätte mich vielleicht auch gefreut, mein tolles Brautkleid nochmal anziehen zu dürfen.

Auf dem Weg zum Sonntagsgottesdienst in die deutsche evangelische Kirche in Rom begegnet mir eine junge Frau mit schickem Haarschnitt, schicker Brille und ein paar Freundschaftsarmbändchen am Handgelenk. Erst auf den zweiten Blick stelle ich fest, dass es sich um eine Novizin handelt. Ich bin bestimmt keine Verfechterin der freien Liebe, aber muss es denn sein, dass so ein hübsches, junges Mädchen sich von einem Teil des menschlichen Lebens verabschiedet? Die Hingabe an Gott sollte doch auch möglich sein, wenn das, was Gott uns geschenkt hat, die Möglichkeit zu lieben mit allen Sinnen, gelebt werden kann. Ein Punkt, den ich noch nie verstanden habe. Wenn ich mir ein selbstgewähltes Zölibat auferlege, gut, meine Entscheidung, aber keines, das andere für mich erzwingen. Wofür soll das gut sein? Die Geschichte und die Gegenwart hat doch genug Bespiele, dass das eher zu Verlogenheit und Seelenqual führen kann.

Nun ja, wie gesagt, lutherisch.

Am Piazza Barberini steige ich aus der U-Bahn und gehe den Hügel hinauf ins Ludovisische Viertel. Das hier ist das Vorzeige-Rom der Jahrhundertwende. Abgegrenzt wird es von der Via Veneto, an der sich Nobelhotel an Nobelhotel und mittelalterliche Palazzi an 150 Jahre alte Privatvillen reihen. Auch die amerikanische Botschaft residiert hier. Gut abgesichert durch Bewaffnete; aber ehrlich: was für ein Anwesen! Da möchte man glatt Amerikaner werden, um da mal Zutritt zu bekommen.

Zwei Straßen weiter stehe ich vor der Christuskirche, ein neoklassizistischer leuchtender Bau aus weißem Travertin. Nicht schlecht, Herr Specht. Kein Gemeindesaal aus den Sechzigern, um die paar freilaufenden Schäfchen einzufangen. Nö, schon ein paar Nummern größer. Ich erfahre, dass Kaiser Wilhelm der II persönlich seinen Lieblingsarchitekten Franz Schwechten beauftragt hat. Das ist der, der in Berlin die Kaiser-Wilhelm-Gedächtniskirche gebaut hat. Ich schätze mal, dass es auch so ein Vorzeigegebäude war: Wir Deutschen in Rom!

Die Apsis ziert ein riesiges goldenes Glitzermosaik: Christus Pantokrator, so mit dem Touch Byzantinisch, wie man ihn gerne hatte. Und ich kann mich kaum auf den Gottesdienst konzentrieren, denn Christus sitzt in etwas, was ich als wild wuchernden Spargel bezeichnen würde. Aber warum sitzt er denn nur im Spargelgestrüpp?

Na gut, es sind auch irgendwelche Beeren dazwischen, die wie Brombeeren anmuten. Ach nee! Wahrscheinlich sollen das Weinreben sein, Christus: „Ich bin der Weinstock".

Vielleicht hätten sie doch einen anderen Künstler wählen sollen.

Ich habe mir vorgenommen, dass ich, wenn ich im Ausland bin, also auch München und so, sonntags zu einem Gottesdienst gehe. Dort findet man, wenn man will, immer Anschluss und genau das bestätigt mir auch die nette, ältere Dame neben mir. Ihr ist es vor Jahren ebenso ergangen. Aber ich weiß ja gar nicht, ob ich Anschluss will! Ein bisschen Heimat spüren, ja, und dafür breche ich auch mehrere Lanzen für eine protestantische Liturgie, denn es ist wie bei McDonalds, man kennt sich aus, aber mehr will ich glaube ich nicht. Ich werde für Mittwoch Nachmittag zum Kaffeetrinken eingeladen, aber ich weiß nicht, ob ich das möchte. Mal sehen...

Der Alltag im Nichtalltäglichen

Da haben wir schon einen kleinen Haken. Denn natürlich ist es so, dass man, wenn man sich länger irgendwo aufhält, sich auch so banalen Tätigkeiten wie Waschen und Bügeln widmen muss. Vom Putzen ganz zu schweigen. Auch wenn man das ja im Minimalmaßstab macht und nicht wie sonst, für die ganze Familie.

So habe ich mich dann mal heute Morgen hingestellt und gebügelt. War ratzfatz erledigt, denn ich habe mir natürlich reisekompatible Kleidung mitgenommen, das kleine schwarze mit Spitzenbesatz und Moiréschleppe musste zu Hause bleiben, aber immerhin. Und weil ich mit meiner Körperlotion nur marginal zufrieden bin – klebt leider auf der Haut, als hätte ich am Meer geschwitzt – werfe ich mich ins nachmittägliche Getümmel der Cola Rienzi, wo einer meiner Lieblingsshops residiert. Was für eine Straße! Das hier ist die Einkaufsflaniermeile, die ich in Rom immer gesucht hatte. Nicht, dass ich sowas bevorzuge, aber ich dachte mir immer, ein Pendent zum Ku'damm und der Champs Elysee muss es doch auch in Rom geben. Und richtig: Hier ist sie!

Mit ein paar teuren, aber in der Mehrzahl durchaus erschwinglichen Geschäften, schöner Einkaufsatmosphäre und ein paar bekannten Feinkostgeschäften lohnt sich hier der Aufenthalt. Und, was mich völlig erstaunt, in einer Parallelstraße gibt es tatsächlich eine alte Markthalle! Hatte ich noch nie von gehört. War zu diesem Zeitpunkt auch nicht mehr wirklich bewirtschaftet, bis auf die unvermeidlichen Souveniershops. Ich hoffe mal schwer, dass die geschlossenen Stände am Vormittag vor Ware, Verkäufern und Kunden nur so wimmeln.

Auf dem Heimweg fällt mir im Bus eine Frau ins Auge, die etwa so aussieht wie ich. Auch eine Deutsche? Als ihre Plastiktüte und eine Riesenflasche mit Borwasser umkippen, ist meine Neugier vollends geweckt. Sie spricht mich dann auch an. Auf Englisch. So hätte sie sich diesen Urlaub nicht vorgestellt, sie hat jetzt leider drei Tage im Krankenhaus verbracht. Sie hatte so Ohrenschmerzen. Ich frage, sie antwortet, erzählt munter drauf los. Sie wäre Gott-sei-Dank schonmal in Rom gewesen, sonst würde sie sich über die verpassten Tage furchtbar ärgern. Ich frage woher sie denn komme, tippe mal auf England, aber nein, sie kommt aus Australien. Wow! Echt ärgerlich, wenn man von so weit herkommt. Wir müssen an der gleichen Station aussteigen. Sie entschuldigt sich vielmals, dass sie mich so zugetextet habe, was ich wirklich nicht so empfand. Ich wünsche ihr gute Besserung. Das mag ich im Moment sehr. Wie zwei Billardkugeln, die aufeinander zurollen, sich touchieren und in verschiedene Richtungen weiterrollen. Begegnungen.

Und als ich nach Hause komme, denke ich immer noch mit schlechtem Gewissen an meine Vespa im Keller. Ob ich das jemals schaffe?

Keats und Shelley, die armen Socken

Im Frühtau zu Berge...na, nicht ganz, weder Berge noch Frühtau, aber morgens ist die Luft am erträglichsten, nachmittags sehe ich aus wie eine angematschte Tomate, nur nicht so frisch. Also gerne früh raus.

Den Morgen beginne ich dann wieder in der Pasticceria meines Vertrauens und lese im derzeitigen Lieblingsbuch: Das grosse Los. Und wieder fühle ich mich so verstanden, dass ich mir vornehme, der Autorin zu schreiben. Wahrscheinlich nervt sie das, aber ich hab's von der Seele.

Dann schmeiße ich mich wieder in die U-Bahn und bin in Nullkommanichts an der Spanischen Treppe. Ulkig finde ich, dass man fast ebenerdig aus den Tunneln kommt. Wo ich doch beim Einstieg in die höllischen Tiefen hinunter musste.

Die Treppe ist irritierenderweise komplett frei. Kein Mensch, keine Touristen. Oh Pardon! Doch, da hocken drei Frauen in Tarnfarbe, sprich Creme, auf dem Boden und bessern in akribischer Kleinarbeit die Treppe aus. Auch die Kirche Trinita dei Monti ist nicht mehr eingerüstet, sondern leuchtet Weiß in der Vormittagssonne. Nanu, weiß? Ich kenne sie nur mit einem gelben Anstrich. Ich fühle mich einen Moment, als wäre ich in Santorin gelandet: „Thio ouzo, parakalo!"

Ich schlendre zum Haus direkt rechts neben der Treppe und denke, das muss wahnsinnig überlaufen sein, so nah bei einem Touristenhotspot aber wieder Pustekuchen! Im Keats-und-Shelley-Museum sitzt nur die

Dame im Ticketverkauf, die ich aufgrund ihres harten Englisch gleich als Deutsche identifiziere, und ein Mädel mit Kopfhörern im musealen 2. Stock. Die Dame am Ticketschalter wollte wie ich drei Monate in Rom bleiben. Mehr Geld war nicht. Da sie einige Jobs gefunden hat, wurden daraus eineinhalb Jahre. Doch morgen ist ihr letzter Tag hier.

Ich werde von Charles, Prince of Wales, persönlich begrüßt. Wenigstens am Bildschirm, und bekomme einige Filme zur Erklärung der Hauptakteure Keats, Bysshe-Shelley, Byron vorgeführt. Alles irgendwie tragische Gestalten. Das gehörte wohl auch zum Romantisierungsprozess dazu.

Das Museum ist vielleicht wirklich nicht für jeden interessant. Es besteht hauptsächlich aus meterhohen Bücherregalen und dem Sterbezimmer von Keats, aber ich find's toll. Mich interessiert die Zeit, ich habe „Wahnsinn, der mein Herz zerfrisst" von Tanja Kinkel gelesen und „Bright Star" gesehen. Außerdem hatte ich schon immer was für die Leute übrig, die Anfang des letzten, oh nein, es heißt ja jetzt schon, Anfang des vorletzten Jahrhunderts, auf Grand Tour nach Italien gekommen sind. So auch Berthel Thorvaldsen, der dänischen Bildhauer, den ich sehr schätze. Aber ich schweife ab.

Keats ist mit 25 Jahren an Tuberkulose verstorben, Byron mit 36 Jahren irgendwo in Griechenland kaum drei Jahre später und vor den beiden ist Bysshe-Shelley im Mittelmeer ertrunken. Seine Frau hat vorher schon Frankenstein verfasst, sonst könnte man ja auf die Idee kommen, dass sie nach Auffindung der sterblichen Überreste ihres Mannes...

Manchmal frage ich mich, warum ich nicht in England geboren wurde. Der Sinn für Humor weist manchmal doch eine erstaunliche Ähnlichkeit mit dem britischen auf. Aus, Christine!!!

Aber zum Schluss stelle ich der Ticket-Verkäuferin noch die eine Frage, die die Welt bewegt: Wie wird denn dieses vertrackte Bysshe in Bysshe-Shelley ausgesprochen. „Buschie", so hatte ich es bisher immer gehört, oder „Bis-che", alles ist möglich.

Sie klärt mich lächelnd auf: „Das wusste ich vorher auch nicht. Es heißt „Bisch". Wieder was gelernt für heute!

Seltsame Dinge geschehen in Rom...

Naja, so seltsam nun auch nicht. Aber mitunter für unsereins unverständlich.

Ich habe ja mittlerweile spitzgekriegt, dass die jungen Männer, die mir am ersten Tag so bedrohlich erscheinend herumsaßen, vor einem Wettbüro auf Einlass warteten. Also nix beängstigende Gangaktivitäten oder Gigolos, die es auf alleinreisende, mittelalte Blondinen abgesehen haben, nee, einfach der Pferde- oder Sonstwas-Wette verfallene Männer.

Schlimm nur, dass sie offenbar nicht gerade der wohlhabendsten Schicht entstammen, und so, vielleicht geht ja meine Phantasie mit mir durch, wahrscheinlich ein spärliches Einkommen auf noch spärlicher reduzieren. Aber das gibt es wohl auch bei uns in Deutschland. Da ich aber normalerweise in unserem käseglockigen Seelscheid wohne, fällt mir wahrscheinlich vieles nicht auf.

Seltsame Dinge...ach ja.

Ich suchte seit Samstag einen Briefkasten. Ich weiß wie die Biester aussehen, knallrot nämlich, ich weiß auch, dass ich sie gerne mal übersehe, weil sie unvermutet an Hauswänden zwischen vorspringenden Schaufenstern oder geöffneten Eingangsportalen hängen. Ich suchte samstags, ich suchte sonntags. Montags begann ich mich noch akribischer dieser Aufgabe zu widmen, schließlich wollten vier Postkarten den Weg nach Deutschland finden. Man riet mir sogar, ich solle sie doch gleich wieder mit nach Hause nehmen, wäre sowieso schneller. Bei drei Monaten, denke ich, tut man der italienischen Post dann doch Unrecht. Dienstag, nichts zu machen. Bis auf ein über und über beklebtes Exemplar bei mir an der Cornelia, da sollte man nichts mehr reinschmeißen, was noch irgendwann ankommen soll, fand ich einfach keinen Briefkasten.

Beim Einkaufen eine letzte Erleuchtung.

Ich fragte die Kassiererin. Die wollte mir den Weg zu Post weisen. Hinter mir begann man in der Warteschlange ein Gespräch. Nicht Post, nein Briefkasten sei gefragt. Man diskutierte hin, man diskutierte her. „Non lo so!" Ich weiß es nicht, die einhellige Meinung. Na gut, dann die Post.

Da bin ich dann auch hin getrabt. War nicht so furchtbar weit entfernt. Und als ich um die Ecke biege, nicht ein, nicht zwei, nein da hängen sinnloserweise drei knallrote Briefkästen im Abstand von 5 Metern an der Hauswand. Mein liebster Ehemann meinte dazu nur: Tja, in Rom wird halt alles zentralisiert.

P.S. Es gibt sie immer noch, die beiden Einwürfe für „Roma" und „Tutte le altre direzione". Ich hatte trotzdem den irritierenden Gedanken, die Postkarten wären so oder so in die gleiche Box gefallen.

Vespa, und so weiter

Jajajaaaaa! Ich hab's getan! Ich habe dem elenden Miststück gezeigt, wer ihre Herrin und Meisterin ist.

Naja, vielleicht sollte ich mich da eher mal in Bescheidenheit üben, denn wer hat's hier denn zuerst wem gezeigt?

Ich schlendere also heute Morgen lässig in die Garage...

Oh je, Ehrlich währt am längsten.

Eigentlich wollte ich schon gestern Abend nochmal zur Werkstatt meines Vertrauens, weil ich den Motorroller ja einfach nicht ankriege. Aber gestern war ich noch nicht mutig genug. Und eigentlich war es ja auch zu heiß. Und ich musste noch was anderes machen. Und sowieso, wie peinlich. Und überhaupt.

Heute Morgen dachte ich: Schluss mit lustig. Wenn du jetzt nicht gehst, dann wartest Du bestimmt bis zu den Herbstferien, wenn dein liebster Ehemann zu Besuch kommt, und das Ding lässig anschmeißt und losbraust. Womit wir auch wieder bei Punkt 1 wären: peinlich!

Also in der Garage ein letzter Versuch, ich hatte mich inzwischen im Internet informiert, was man alles mit einer Vespa L 50 anstellen muss, aber leider nichts. Ich das Gefährt also zum was-weiß-ich-wie-vielten Male nach oben ans Tageslicht geschoben und zur Werkstatt gerollt.

Die guckten alle, als wollten sie sagen: Die Deutsche hat nicht alle Tassen im Schrank.

Mit einem gönnerhaften Lächeln hatte ich ja gerechnet, kommt bei mir jetzt auch nicht so gut, aber für doof gehalten zu werden, das kann ich gar nicht ab.

Ich bekomme also mal wieder erklärt, wie das Fräulein denn so angeht. Und ich sehe, ich hätte häufiger den Kickstart treten müssen. Zur Sicherheit fährt der Mechaniker selbst noch eine Runde. Kein Problem. Er lässt das Maschinchen für mich auch an. Da ich mich aber nicht in den Straßenverkehr einzufädeln getraue, hier kommen auch Busse, und die Ampelphasen sind sehr kurz, würge ich die Vespa kurzerhand ab. Und krieg sie nicht mehr an.

Jetzt stehe ich hier, auf dem Kopf einen schnittigen schwarzen Helm, unter mir eine ausgeblichene, rote Mini-Vespa und kann das Teil wieder nicht starten. Wahrscheinlich werden im Wettbüro gerade Wetten über die Deutsche abgeschlossen. Die zwanzig Leute gegenüber an der Bushaltestelle kennen mich bestimmt auch schon. Vielleicht ist der Helm gar nicht so schlecht, man sieht mein leuchtend rotes Gesicht bestimmt kaum.

Also schiebe ich wieder hoch erhobenen Hauptes zurück in die Via Nostra Signora di Lourdes. Da ist es nicht ganz so belebt.

Verdammt! Verdammt! Verdammt! Das muss doch zu schaffen sein. Du bist zwar ängstlich, aber nicht blöd.

Ich trete auf den Kickstarter und die Vespa springt mit leisem Getucker an.

Wie jetzt?

Na schnell die Gunst der Stunde nutzen und in den ersten Gang.

Es dauert noch ein bisschen, bis ich es schaffe, im ersten Gang anzufahren, doch irgendwann geht auch das. Nach mehrmaligem Abwürgen stelle ich dann fest, dass sich die Vespa nicht starten lässt, wenn ich die Kupplung gedrückt halte. Sie muss einfach im Leerlauf sein. Kurz und gut, glücklich drehe ich ein paar Runden.

Dann bringe ich siegesgewiss die Vespa in die Garage und gönne mir ein Frühstück.

I did it again! Yes!

Schockierendes

Eine Sache hat mich in den letzten Stunden aber noch mehr berührt, als mein Vespa-Happening.

Ich kam gerade vom Frühstück zurück, da hatte sich offenbar ein Unfall auf der Via Aurelia ereignet, also da, wo ich gerade vor einer halben Stunde lang gefahren war. Nicht, dass jetzt böse Zungen behaupten, die Leute in den Autos wären völlig irritiert von mir gewesen. Ich als Vespa-Lorelei in Rom oder so.

Nun ja. Verkehrsinfarkt. Totaler Stillstand mit ein bisschen Geschiebe von den Seiten.

Ich weiß jetzt, warum hier Tag und Nacht Martinshörner und Polizeisirenen zu hören sind. Das hat nichts mit den nahegelegenen Krankenhäusern zu tun. Nein. Die kommen stundenlang nicht vorwärts!

Als ich diese Blechlawine so beobachte, kommt von hinten ein Rettungswagen. Einige Autos versuchen eine Gasse zu bilden. Aber andere, ich kann es kaum fassen, andere, obwohl der Rettungswagen hinter ihnen steht, nutzen diese Gasse für sich und verstopfen jetzt vollends die Straße! Ich habe bei einer Fahrerin ganz konkret gesehen, wie sie noch kurz in den Rückspiegel sah. Sie muss den Rettungswagen gesehen haben. Abgesehen natürlich von diesem nervtötenden Geräusch.

Das kann doch wohl nicht wahr sein!

Machen sich denn hier die wenigstens Gedanken darüber, wie es wäre, würden sie da in einem lebensbedrohlichen Zustand drin liegen?

Mein Italienisch-Lehrer Dario sagte, die Italiener hassen den Staat. Er ist ihr Gegner. Die Familie ist alles, darin liegt ihr Gemeinsinn, nicht in offiziellen Strukturen. Ansonsten gibt man hier auch gerne den Einzelkämpfer. An Bushaltestellen ist nichts von englischer „Queuing"-Kultur zu sehen, also das ordentliche Anstellen in einer Reihe. Hier heißt die Devise schonmal jeder gegen jeden, je spitzer die Ellenbogen, desto wahrscheinlicher der beste Platz. Stand zumindest in einem meiner Reiseführer.

Auf der anderen Seite stehen hier immer wieder Leute zugunsten Älterer oder Kranker auf, was ich in Deutschland schon lange nicht mehr gesehen habe.

Ach vertrackt! Es ist wie immer. Es gibt nun mal kein Schwarz und Weiß. Meistens.

There will be sunshine after rain!

Hoffe ich zumindest. Denn im Moment regnet es, was vom Himmel runter kommen kann. Werde ich dann wohl noch öfters haben. Vor allem im November soll es hier nicht wirklich schön sein. Aber das gehört ja auch dazu. Ich möchte Rom auch erleben, wenn es mal nicht in Feiertagslaune und Touristenferienstimmung ist.

Im Moment ist es aber vor allem eines: duster!

Meine kleine Wohnung befindet sich im Erdgeschoss und ich hatte schon beim hellsten Sonnenschein bemerkt, dass hier nicht allzu viel Licht herein kommt.

Das Problem ist das, was normalerweise im Sommer ein Segen ist: Der kleine Garten vor den Fenstern mit seinen schattigen Zitronenbäumen. Sonst ein lichtes Blätterwerk, das angenehme Kühle suggeriert, jetzt eine diffuse, düstere Flickendecke.

Wie gesagt: Man kann nicht alles haben!

Die Autos schleichen für römische Verhältnisse draußen vorbei, wie wir beim ersten Schnee. Ob sich hier jemand um Profiltiefe der Reifen schert?

Gestern hat es morgens bei meinem Frühstücksspaziergang auch für kurze Zeit geregnet. Ich mit meinem neuen Parka, auf den ich sehr stolz bin, der Rest der Welt mit Regenschirmen.

Ich habe niemanden sonst mit Regenjacke gesehen. Einer der seltenen Fahrradfahrer trug etwas, das aussah wie ein blauer Müllsack, aber Fahrräder kommen in der ewigen Stadt nicht allzu oft vor. Der Rest war mit Regenschirmen in allen Farben bewaffnet. Wahrscheinlich weiß man hier, das Nass ist bald zu Ende, und warum sich dann mit einer blöden Jacke abschleppen?

Ich bin gleich nach dem Frühstück wieder nach Hause.

Busfahren in Rom

Gestern hatte ich ein unangenehmes Erlebnis mit dem Bus.

Ich hatte mich blöderweise entschlossen, meine Erkundungstour auf den Nachmittag zu verlegen. Es fing schon damit an, dass mein Bus nicht kam. Auch die wartenden Römer waren irritiert. Alle möglichen anderen, ja. Aber diese anderen hatten alle die Cornelia als Endstation, also eine Haltestelle weiter. Hätte sich jetzt nicht wirklich gelohnt.

Also warten. Ich habe ja Zeit.

Mehrere Busse „Deposito", fahren vorbei, das ist wie bei uns „Leerfahrt" oder so. Ich hatte den Eindruck, die Fahrer grinsten uns an. War das mal wieder einer der berühmten „Scioperi", Streiks?

Irgendwann tauchte der 46er dann auf. Aber wie das dann so ist: proppenvoll! Ich konnte mich erst nach ein paar Stationen zum Automaten durchquetschen, meinen Rucksack in der Angst vor Taschendieben fest an den Bauch gepresst.

Busfahren ist in Rom sonst auch nicht immer ein Vergnügen. Die meisten Busse scheinen so alt wie ich zu sein und das korreliert nicht optimal mit den Schlaglöchern in den Straßen. Manchmal kommt es dann zu solchen Situationen, dass man das Gefühl hat, man schlägt sich durch das Klappern des Gebisses die Zähne aus. Alles scheppert, innen wie außen.

Aber ich konnte an der Station, die ich mir ausgesucht hatte aussteigen, soweit alles gut.

Die Rückfahrt geriet zum kleinen Horrortrip.

Das gleiche in grün. Warten, bis dieser dämliche Bus aufkreuzte. Ich hatte schon einen größeren Fußmarsch hinter mir, weil ich sonst noch mehrfach hätte umsteigen müssen, also bin ich beim Vatikan eingestiegen. Hatte ich schon mehrfach gemacht, wusste also, dass sich die Fahrgäste sehr schnell ausdünnen.

Ich quetschte mich also in den vollen Bus hinein.

Und dann stehen wir im Stau. Die Luft ist zum Zerschneiden. Keine Klimaanlage.

Mir rinnt der Schweiß das Gesicht hinunter.

Die anderen sehen eher aus, als würden sie entspannt in einem voll klimatisierten Raum stehen.

Und müffeln.

Oh nein. Hitze, Schweiß und Busmuff, gar nicht gut.

Ich verlagere das Gewicht vom einen auf den anderen Fuß. Ich hatte ja auf einen Sitzplatz gehofft.

Und immer noch Stau.

Ich höre, wie die anderen Fahrgäste nach vorne durchrufen, ob man nicht die Klimaanlage anmachen könnte. Ok. Sie sind dann auch nicht so entspannt, wie ich dachte. Der Busfahrer guckt in den Rückspiegel, zuckt mit den Schultern und sagt: „Wieso, ist doch an!"

Allgemeines Kopfschütteln, aber man ergibt sich in sein Schicksal. So zuckeln wir im Schneckentempo vorwärts. Ich beobachte Leute, die schon seit dem Vatikan neben uns herlaufen, sie überholen uns, wir überholen sie. Sehr ermutigend.

An der nächsten Station steigt eine indisch anmutende Familie mit einem original verpackten Flachbildschirm ein. Super! Hat mir noch gefehlt zu meinem Glück.

Ich halte es noch ganze zwei Stationen aus, dann merke ich, wie mir mein Kreislauf in die Knie sackt. Ich versuche es mit gezielten Atemübungen, keine Chance. Bloß raus hier, will ich nicht ziemlich unelegant dem Opa neben mir in die Arme sinken, oder den Flachbildschirm kalt machen.

Als ich aus dem Bus steige, wäre ich beinahe auf die Knie gegangen und hätte den Boden geküsst.

Die andere Sicht der Dinge

Am Wochenende musste ich nach Brüssel.

Hört sich blöd an, war aber von Anfang an so geplant, eine persönliche Sache eben.

Die Brüsseler Altstadt ist wirklich schön. Vom Großen Markt gar nicht zu reden. Die alten Bürger- und Handwerkshäuser sind toll restauriert, das Rathaus auch. Außerdem war auch noch Stadtfest. Ich habe mich ein bisschen gefragt, wie die alten Mauern das Gedröhne der Yamamoto Trommeln aushalten, ohne im Gebälk zu bröseln, aber es funktioniert anscheinend.

Brüssel ist ein Schmelztiegel an Kulturen. Der Anteil an Ausländern ist immens hoch. Wobei, was ist denn hier Ausländer, wo die Stadt schon in drei Bevölkerungsgruppen aufgeteilt ist: Flamen, Wallonen und Deutsche. Was sich in anderen Städten als Vorteil entpuppt hat, ist hier meines Erachtens ein wenig nach hinten losgegangen. Ich möchte nicht politisieren, ich empfand Brüssel aber als unangenehm.

Für viele Dinge scheint hier keiner zuständig. Die Stadt sieht mindestens so vermüllt aus wie Rom. Außerhalb der pittoresken Innenstadt stehen viele Geschäfte leer. Die „Centraal-Gallerie", eine Einkaufspassage direkt an der „Centraal Station", dem Hauptbahnhof, ist komplett leer, bis auf ein kleines, nettes Museum im Untergeschoss, wo es um Tim und Struppi, die Schlümpfe und ähnliche belgische Comic-Exporte geht. Und zur allgemeinen Freude gibt es keinen Durchgang zum angrenzenden Hauptbahnhof. Nur einen versperrten Tunnel. Das ist nur eines von vielen Beispielen, die mir am Wochenende über den Weg gelaufen sind.

Als Krönung wollten wir am Sonntag – es war verkehrsfreier Sonntag in Brüssel, eine prima Erfindung – am Fahrkartenautomaten ein Ticket für die U-Bahn ziehen. Vier U-Bahn-Angestellte standen in der Nähe, einer zeigt uns hilfsbereit, wie eine Fahrkarte unter Verwendung des deutschen Textes zu ziehen ist. Sehr nett. Dachten wir. Bis wir mit den zwei gezogenen Karten feststellten, dass es sich um einen Sonntag handelt, an dem Busse und Bahnen gratis benutzt werden dürfen. Der Schaffner antwortete uns auf die etwas ungehaltene Frage, warum er uns das denn nicht gesagt hätte, dass wir nicht danach gefragt haben. Sehr nett. Wirklich.

Klar. Hätte überall passieren können. Ist aber dort passiert. In dieser grauen, gemischten, unfreundlichen Stadt, in der eingeschlagene Fenster neben den Hochglanzfassaden des EU-Viertels existieren können.

Einen Aha-Effekt hatte das Ganze.

Als ich nach Rom zurückkehrte, kam ich irgendwie nach Hause. Rom ist wie Brüssel: Laut, dreckig, voller Menschen und kaputter Busse und Soldaten mit MP's. Aber Rom hat die Leichtigkeit des Seins. Irgendwie. Der Dreck stört mich schon längst nicht mehr so, denn in Brüssel empfand ich ihn tatsächlich als schlimmer. In Rom hat er für mich immer dazu gehört. Komisch.

Die Sonne...das Leben!

Gott-sei-Dank, sie ist wieder da! Diese ganz und gar nicht unerträgliche Leichtigkeit des Seins. Ich hatte sie schon in Brüssel verloren geglaubt, zermatscht auf den grauen Straßen, wimmernd im U-Bahn-Schacht liegend.

Aber hier bin ich wieder! In „meinem" Café begrüßt mich die tätowierte Barista mit „Ciao, Darrrling!". Ich freu' mir ein Loch in den Bauch. Die Frau geht mir bis zum Nabel und ist der Schule gerade entwachsen. „Ein Glas Wasser zum Cappuccino?" fragt sie mich auf Italienisch und strahlt mich an. Ja klar, nehm' ich das Wasser, wer kann diesem Angebot nebst Lächeln schon widerstehen? Auch die anderen Mitarbeiter, da wuseln meist vier hinter der Theke herum, lächeln mich freundlich an.

Ich setze mich draußen an einen Tisch, lese, schaue auf die geschäftige Straße. Ja! Der ganze schöne Morgen passt in mein Herz.

Eine in Italien lebende Deutsche hatte mir am Anfang den Tipp gegeben, immer in den gleichen Geschäften einzukaufen und das macht sich jetzt langsam bezahlt. Gut, der Supermarkt ist vielleicht ein bisschen etwas anderes, da arbeiten sehr viele Leute, aber das Café und auch die sizilianische Pasticceria, in der ich mindestens dreimal die Woche die süchtig machenden Canoli kaufe, bestätigen diesen weisen Ratschlag. Die

Leute dort werden immer entspannter der Touristin gegenüber, die ich ja bin. Man schaut nicht mehr so ernst, lächelt, wenn ich herein komme. Ja klar, die großen Canoli, keine Frage.

Und auch keine Frage: Rom ist meine Stadt. Brüssel kann mich mal. Sie müssen da leider auf meine Mitwirkung als EU-Parlamentarierin verzichten. Jetzt mal echt.

Über die Dämmerung

Die Abenddämmerung finde ich eine der tollsten Zeiten am Tag. Habe ich mir gerade wieder so gedacht, als ich mal eben zum Einkaufen zum Italiener um die Ecke bin (kleiner Gag, habt Ihr's gemerkt?).

Der Dreck auf den Straßen verschwimmt im Grau, die Autos schalten die Lichter an, was einen ein bisschen an Weihnachten denken lässt. Was natürlich wiederum totaler Blödsinn ist.

Bei mir um die Ecke hört man vor allem den ganzen Tag eines: Motorenlärm, da es sich hier offenbar um einen Verkehrsknotenpunkt der Stadt handelt.

Als ich eben aus den Untiefen des Supermarktes mit der Rolltreppe nach oben geschoben wurde, hörte ich etwas anderes. Und im ersten Moment meinte ich wirklich, jemand hätte einen Kassettenrekorder eingeschaltet: Vogelgezwitscher. Im Betongrau der Stadt fallen sie oft gar nicht auf, die vielen Pinien, die hier stehen. Das sind in der Regel riesengroße Bäume, deren Kronen bis in die obersten Stockwerke der Mehrfamilienhäuser hier reichen. Und wie die Menschen sich hier abends gerne auf ein Pläuschchen auf dem Platz zusammenfinden, tun die Vögel das wohl auch. Der Feierabendverkehr drängt vorbei. Auch der ist trotz Gehupe in den unterschiedlichsten Tönen durchaus gelassener als am Tage. Viele erledigen ihre Einkäufe jetzt nach der Arbeit oder am kühler werdenden Tagesende. Jetzt hier irgendwo sitzen und einen Wein trinken. Aber das ist etwas, was ich nicht unbedingt alleine machen muss.

You're not alone...

Tja, mal sehen. Vielleicht empfinde ich das am Ende meines Aufenthaltes in Rom anders.

Anfangs haben mich einige Freunde davor gewarnt, dass ich mich sehr einsam fühlen würde. Bisher ist das nicht der Fall. Warum?

Ich glaube, Rom ist tatsächlich nicht so die Stadt der schnellen Freundschaften. Dafür laufen hier einfach zu viele Menschen, davon ein Gutteil Touristen, durch die Gegend. Aber das habe ich auch nicht erwartet.

Ich bin mir zur Zeit einfach selbst genug. Und deshalb habe ich mir auch nicht die berühmte einsame Insel oder die Berghütte ausgesucht. Ich kann jederzeit hinausgehen, mir Dinge anschauen, die ich immer schon mal sehen wollte, mich treiben lassen.

Den Cappuccino im Café um die Ecke schlürfen oder einfach am Brunnen sitzen. Kleinigkeiten entdecken und staunen. Beobachten. Mir Bilder im Kopf von Dingen machen, richtig oder falsch sei mal dahingestellt. Ist auch gerade nicht wichtig. Dabeisein und auch wieder nicht, denn ich bin zu Hause so oft dabei. Und hier tut es so gut, mal nicht anpacken zu müssen, reden, Verantwortung tragen. Was ich sonst sehr gerne mache, aber es ist bezaubernd, es einmal nicht tun zu müssen.

Einfach in die Abenddämmerung hineinpendeln.

Schwelgen in Erinnerungen

Ich liebe das Haus in der Via Nomentana 421 und dafür habe ich mich auch quer durch die Stadt gekämpft.

Eigentlich hätte ich sehr gerne da gewohnt, wenn es denn der Preis hergegeben hätte und die Vakanzen. Leider war eben nichts mehr frei, weil diese Monate im Herbst auch unter Forschenden sehr beliebt sind.

Das Haus in der Via Nomentana kenne ich nunmehr seit fast 40 Jahren. Es ist eines der alten Bürgerhäuser, ich tippe mal so auf 1890, und liegt in einem wunderschönen Palmengarten. 1980 war ich hier zum ersten Mal mit meinen Eltern. Damals ein absoluter Geheimtipp, das Pilgerheim des Deutschen Ordens in Rom. Ich hatte versprochen, mich mit einer der Sekretärinnen zu treffen, wenn ich dann wirklich in Rom wäre und heute ist es nun soweit.

Ich bin früh da und sie noch nicht, aber das ist völlig in Ordnung. Ich hatte mich nicht angekündigt, denn ich wollte keine große Sache, keine beiderseitige Verpflichtung, daraus machen. Halt einfach mal „Hallo!" sagen, mehr nicht.

Ich erinnere mich an Zeiten, dass die Schwestern des Deutschen Ordens, die aus Südtirol stammten und immer diesen netten Akzent im Deutschen besitzen, dass die Schwestern alles Organisatorische regelten. Mittlerweile gibt es einen erweiterten Empfangstresen und eben Sekretärinnen, die bis 17.00 Uhr jeden Tag im Dienst sind. Früher traute man sich nicht recht zu Klingeln, um die Nonnen nicht zu stören.

Ich bin also um kurz nach Elf da. Die Kollegin von Frau H. bittet mich, im Garten zu warten, was ich gerne mache. Dort kann ich mich dann genüsslich von den Mücken fressen lassen, die zur Zeit ja allgegenwärtig sind.

Der Garten ist immer noch wunderschön. Immer noch wunderschön, das Eisentor zu öffnen, hinter sich die viel befahrene Via Nomentana, vor sich ein Paradies. Ein sehr gepflegtes Paradies inzwischen. Mit kleinen Rasenplätzen und verschiedenen Sitzgruppen. Die gab es früher vielleicht auch schon, aber ich habe sie im wild wuchernden Dickicht nicht entdecken können.

Die alten, teils kaputten Blumentöpfe um die Brunnen herum, die bunten Überraschungsblumen im Unterholz, die aus dem Garten ein Lehrstück aus ‚Country Gardens' gemacht hatten, leider weg. Hach herrje! Muss sich die Zeit denn immer ändern? Blöde Frage, natürlich muss sie das. Auch im Roma Aeterna, im ewigen Rom.

Im Hinausgehen bekomme ich von Frau H. nach einem sehr netten Gespräch noch einen Bustipp. Ich solle doch nicht über den ewig nervenden Bahnhofsvorplatz fahren (für alte Romfahrer: Im Moment kein Baustellenzaun! Ich glaube, das habe ich noch nie gesehen!), sondern lieber hinten rum und das mache ich dann auch. Ich nehme die 89 nach Clodio und bekomme als Abschluss noch eine Fahrt durch die Gärten der Villa Borghese serviert.

Und als Krönung legt mir im Hinausgehen die hauseigene Katze eine tote Ratte vor die Füße. Wenn das nicht Liebe ist!

Ohne Ellenbogen: Aus die Maus!

Das ist leider die bittere Wahrheit! Die Römer sind nicht das Volk der Höflichkeit im Alltag. Das fängt morgens in der Bar an. Ein geflüstertes „Un cappuccino, prego!" wird eigentlich nicht wahrgenommen, erst als ich mit mehr Gas „Un cappuccino, prego!" brülle, heißt es: „Oh, sie spricht italienisch!"

Vor meiner Hochsicherheitstraktwohnungstür gibt es diese besondere italienische Doppelflügelschwingtür. Ich weiß jetzt wie man's macht, ohne sich eine blutige Nase zu holen: Mit Kawumm durch beide Türen durch. Nix durch eine quetschen und Gepäck hinterherzerren, nein: volle Breitseite!

Die Sache mit dem Straßenverkehr ist ja bekannt, aber ich musste es doch trotzdem nochmal ausprobieren. Sich an den Zebrastreifen stellen und in Demutsgebärde auf freundliche Autofahrer hoffen, lässt dich in zwei Stunden noch dastehen. Die wissen dann einfach nicht, was du willst! Blasiertes Gesicht heraus, kurz aus den Augenwinkeln peilen, ob's noch reicht, wenn ich im Notfall zurückspringe und mit auf den Horizont gehefteten Blick hinüber. Klappt prima.

Im Bus und der Metro auch. Da wird nicht lange gefackelt und gewartet, bis die Leute ausgestiegen sind. Schwächling! Rein in die sich auf den Bahnsteig ergießende Ankunftsschlange und fröhlich gegen den Strom in den Wagen hineinquetschen.

Ich habe irgendwo gelesen, ein Römer würde Höflichkeit nahezu als Schwäche werten. Ich kann dazu nur sagen: die Römer müssen ein sehr starkes Volk sein!

Und noch ein Tag am Meer

Ja, doch. Ich habe gestern ein bisschen Trübsal geblasen. Ich komme zwar mit dem Schluss des Theaterstückes, das ich gerade schreibe, klar und die Wohnung ist schön. Aber sie ist noch nicht meine, wenn sie es denn je wird. So ein bisschen Heul-doch-kleines-Mädchen-Tag.

Also dachte ich mir, dagegen hilft nur Meer. Wettervorhersage war gut, hinein in die U-Bahn. Wundersamerweise ist es wirklich möglich, von mir aus, Cornelia bis zum Lido die Ostia mit einem Metro-Ticket, sprich 1,50€, zu fahren. Sollte man einfach öfters machen. Ich nehme also die Linea A bis Termini, dann hinein in die B bis San Paolo und dort quasi auf eine andere Strecke der B die Spur wechseln. Diese B beginnt hier und ist dann natürlich erstmal recht leer.

Da Ende der Saison ist, fahren auch nicht allzu viele Leute mit, aber es macht umso mehr Spaß, sie zu beobachten. Mir gegenüber sitzt z.B. ein sportlicher Endfünziger mit Computerausdruck, den er zunächst eifrig studiert. Ich – ja, ich weiß, habe wieder ein bisschen zu viel Phantasie, aber wem schadet das schon? – ich stelle mir vor, er könnte Film- oder Theaterregisseur sein, der ein Skript studiert. Derweil kommt ein Akkordeonspieler in den Wagen vor uns und spielt, ich kann es erst nach ein paar Takten erkennen „Somewhere over the rainbow". Sehr hübsch, Zugfahrt mit musikalischer Untermalung. Ich lasse meinen Blick weiter schweifen. Der da könnte, mit Verlaub, ein gesuchter Verbrecher sein. Schmutziges Käppi, scheeler Blick, unrasiert. Wahrscheinlich ist der arme Mann auf dem Weg nach Hause zu seiner Frau und den fünf Kindern, mit denen er heute Abend noch ins Kino will.

Inzwischen sehe ich, dass der Regisseur sich von seinem Skript abgewandt hat und eifrig auf dem Handy seiner Nachbarin die eingehenden SMS mitliest. Sie bemerkt es nicht, denn ich glaube, sie wäre nicht davon erbaut.

Inzwischen ist „Somewhere over the rainbow" auch in unserem Abteil angekommen. Kann der nichts anderes spielen? Das Stück hat jetzt auch was militärisches im Takt zu den Rädern angenommen. „1-2 Somewhere 1-2 over the 1-2 rainbow". Marschmusik mit Musical, ja!

Neben mich setzt sich eine Frau, die an die 80 Jahre alt sein muss. Merke! Die römische Dame behängt sich proportional zum Alter mit immer mehr Klunkern. Gerne in türkis und schwarz, andere Farben werden aber auch genommen, Hauptsache auffällig. Die Kleidung eher weiß und schwarz, aber mit Rüschen oder Spitze. Dieses Exemplar trägt eine Riesensonnenbrille dazu. Wer braucht schon Botox in diesem Land!

Mein Theatermann von gegenüber ist jetzt dazu übergegangen, dem sudokulösenden Nachbarn auf seiner linken Seite über die Schulter zu schauen. Wahrscheinlich haben die SMS nichts mehr hergegeben. Oder ist er vielleicht ertappt worden und ich habe es wegen meines Blickes auf die spätrömische Schönheit nicht mitbekommen?

Beherzt greift der Akkordeonspieler ein jazziges Stück, das ich nicht kenne, auf. Ja, Gott-sei-Dank! Ich mag „Somewhere", aber nicht in einer Warteschleife. Dafür kriegt der gute Mann auch Geld von mir. Da zieht er dann auch gleich erleichtert von dannen. Und auch ich bin da und steige aus. Haltestelle Stella polare, denn wie ich hörte, ist Lido Nord noch zu weit zum Laufen und Lido Centro...Naja, man muss es ja auch mal anders machen.

Das Ende der Saison

In Stella polare ist irgendwie nichts mehr los. Wenn der Lido Centrale proppenvoll ist, ist das hier sicherlich ein guter Tipp, aber jetzt?

Ich tappe über einen vermüllten, vertrockneten Vorplatz. Im Hintergrund winken Neubau- oder auch Renovierungsgebäude traurig zu mir rüber. Dann laufe ich erstmal scheinbar endlos an einem weißen Metallzaun entlang, hinter dem ich immer wieder die Liegebuchten erkennen kann. Leider ist es in Italien ja oft so, dass der gesamte Strand zu Hotels oder Badeanstalten gehört, und man jegliche Benutzung bezahlen muss. Die meisten Strandbäder haben schon zu, die Eingänge mit dicken Sicherheitsketten verhängt. Ja Krutzitürken! Kann denn nicht mal die einsame Fußgängerin hier durch?

Nach mehreren hundert Metern kommt eine schicke Bar in Sicht. Ohja! Da würde ich mir, obwohl ich keinen Hunger habe, einen Kaffee gönnen, einfach, weil es so schön ist. Der Tag ist bisher leider nicht so schön. Entgegen der Wettervorhersage keine Sonne, dafür ein pfiffiger Wind, der mir um die Ohren schlägt.

Aber ich will mich nicht beklagen, wenn ich das Meer sehe, ist das schon toll.

Ich trabe dann doch weiter, weil mir der Weg zum nächsten Bahnhof von hier aus noch zu weit ist.

Und, oh Wunder! Es gibt auch freie Strände! Wer braucht bei dem Wetter schließlich Liegeschirm und Sonnenstuhl, nee, umgekehrt.

Am Lido Centrale gibt es ein Pier mit schöner Sicht auf den Strand. Der Himmel hebt sich silbrig vom Meer ab, das auf mich mehr den Eindruck von Nordsee, denn Mittelmeer macht.

Und weiter geht's.

Tatsächlich finde ich ein offenes Restaurant, in dem ich fast am Meer in weißen Korbstühlen sitzend einen Nachmittagskaffee mit allem drum und dran nehme. Das ganze kostet mich genauso viel wie dieser überteuerte Cappuccino im Rosato am Piazza del Populo. Und dabei ist ein Espresso, ein Stück Kuchen mit Sahne, eine Halb-Liter-Karaffe Wasser und drei entzückend hergerichtete Kekse. Wow! Ich tröste mich damit, dass es das hier in der Hochsaison so bestimmt auch nicht gibt. Ich liebe das Ende der Saison!

Und das Beste: Die Kellnerin antwortet mir auf Italienisch und nicht wie so häufig in Rom auf Englisch.

Leute, wenn ihr einen Durchhänger habt, fahrt zum Lido in der Nachsaison!

Die ewige Kontroverse

Rom ist eine Stadt der Gegensätze. Das bleibt vielleicht auch nicht aus, wenn man in gut 2500 Jahren Geschichte leben muss. Da lernt man, sich zu arrangieren. Das Motto Roms: Leben und leben lassen. Soll heißen: Wir haben schon ganz anderes überlebt!

Als ich heute Morgen mal eine andere Frühstücksbar aufgesucht habe – ja, Asche auf mein Haupt, jetzt weiß ich's auch - stand ein älterer Herr an der Theke. Ich meine jetzt älter im Sinne von alt. Hutzel-Opa, sowas halt. Er stand da mit seiner Glencheck-Jacke und seiner Karomütze, schlürfte seinen Espresso, las in der Zeitung, während über ihm aus einem recht großen Fernseher Heavy-Metal-Klänge auf ihn niederprasselten, dass es mich in den Fußsohlen kitzelte. Irgendwann klemmte er sich die Zeitung unter den Arm, grüßte, wie Bekannte es tun, die Barista und ging von dannen. Er war definitiv nicht taub.

Ganz typisch auch natürlich dieses Straßenbild, z.B. in der Boccea, der Einkaufsstraße in der Nähe. Sie ist keine Schicki-Micki-Glanzparaden-Straße, sondern eine Einkaufsmeile für den täglichen Gebrauch. Schicke bis sehr schicke Bekleidungs- und Schuhgeschäfte neben Wäschegeschäften, die wahrscheinlich seit Jahrhunderten in Familienbesitz sind und auch so riechen, von der Qualitätsbeleuchtung in diesen düsteren Geschäftsschläuchen mal ganz zu schweigen. Davor haben fliegende Händler ihre Billigwaren geparkt. Und das hier ist das echte Leben, nicht das Hochglanztouristenleben im Vatikan.

Diese Stände haben anscheinend auch ihre Absprachen. An der Ampel bei mir in der Nähe steht so ein fliegender Händler. Ich komme fast täglich bei ihm vorbei. In dieser Zeit hat er meistens Schuhe angeboten. Aber auch mal Kleidung. Luftige duftige Kleidung für die reife Signora ab 80.

Oder auch mal Bücher, Cd's und DVD's. Ich habe noch nicht raus, nach welchen Regeln sich das richtet.

Unten an der Straße steht in einem verwahrlosten Park ein Denkmal mit drei Säulen. Sie sind mit Sicherheit antik. Drei Säulen, drei verschiedene Gesteinsarten, ich würde tippen Granit, Travertin, Basalt. Die stehen da halt so, auf einer wächst oben Gras, drumherum wächst das Unkraut zwischen den Gehwegplatten. Was bei uns eine Sehenswürdigkeit ersten Ranges wäre, ich wohne in einem Dorf, wohlgemerkt, ist hier nicht mal für eine Randnotiz gut. Tja, man hat hier halt soviel davon.

Sonntags in Rom

Heute wieder V-day, Vespa-Tag. Ich habe mir fest vorgenommen, mir den Wind durchs Haar wehen zu lassen, während ich auf meiner Vespa gen evangelische Kirche sause.

Hat erstaunlicherweise auch geklappt, obwohl ich mir vorher beinahe ins Hemd gemacht habe. Ich hatte mir den Weg genau angesehen und auch tatsächlich in akzeptabler Zeit die Christuskirche erreicht. Nun gut.

Aber jetzt, was tun nach dem Gottesdienst? Einfach wieder nach Hause ist doch zu blöd, denn die Straßen sind einigermaßen leer und das wäre doch schade, denn ich könnte so schön das Abwürgen vor Ampeln, die Schaltung in den falschen Gang üben und mich so an den Hupgeräuschen der vorbeibrausenden Taxen erfreuen.

Ach Quatsch. Halb so schlimm. Ich höre ja nicht, ob die Leute über mich schimpfen. Die meisten sind wirklich sehr nett, wollen mich vorlassen, manche warten auch, bis ich mit hochrotem Kopf mal wieder versuche, mein „Moore" wie es hier liebevoll heißt, wieder anzuschmeißen. Am meisten erschrecken mich tatsächlich die teilweise in besoffenem Tempo fahrenden Motorräder, die mit Kawumm und Radau aus dem Nichts auftauchen und einen wahnsinnigen Geräuschpegel erzeugen.

Also, ich überlege mir, zum Friedhof Campo Verano zu fahren. Ich glaub, da würde ich nicht extra mit dem Bus hindüsen, also eine gute Gelegenheit. Das tue ich dann auch und erreiche den Friedhof ohne große Umwege. Was mir bei der Rückfahrt nicht gelingen wird, denn da umrunde ich frohgemut den gesamten nördlichen Teil Roms bis zur Villa Giulia. Rom ist leider neben Köln Königin der Einbahnstraßen, will mir scheinen,

Auf dem Campo Verano, habe ich eifrig gelesen, liegen viele bekannte Leute begraben. Giuseppe Garibaldi, der Freiheitskämpfer, Vittorio Gassmann, der Schauspieler und Bud Spencer, na eben Bud Spencer.

Als ich auf den Friedhof trete, sehe ich, dass ich wahrscheinlich kein einziges dieser Gräber finden werde. Dagegen ist Melaten in Köln eine nette kleine Parkanlage. Nach einem imposanten Eingangsportikus, der schon alleine als Kirchenportal hätte herhalten können, komme ich auf eine asphaltierte Straße von der Breite einer Autobahn. Wofür braucht man denn sowas hier? Öffentliche Aufbahrung unter Beteiligung von ca. 100.000 Menschen? Ich weiß, dass die Italiener rührselig sein können, aber so? Die Gräber haben ansonsten schon starke Ähnlichkeit mit der Millionen-Allee auf Melaten. Kleine Tempel, sterbende Jungfrauen, trauernde Engel. Meist allerdings, wie schon seit Generationen in Italien üblich, mit Bild der Verstorbenen dazu. Find' ich persönlich nett. Unweigerlich macht man sich mehr Gedanken über die Leute in ihren Gräbern.

Wie ist es ihnen im Leben ergangen? Waren sie glücklich? Wie alt sind sie geworden? Oh, der sieht dafür aber alt aus.

Und wie groß der Friedhof ist, lässt sich daran ermessen, dass man auf seiner Mitte stehend keinen Lärm wahrnimmt. Als würde man irgendwo auf'm Acker in der Toskana stehen. Toskana wegen des Pinienduftes. Und es ist still, so still. Bis auf die vorbeifahrenden Autos, die hin und wieder die Friedhofswege abfahren, ein fernes Titata der Polizeisirene oder eines Flugzeuges. Na, wer hier abstürzt, tut denen auf dem Boden nicht mehr weh, denke ich.

Aber finden kann man auf diesem Friedhof ohne genaue Landkarte niemanden. Die Toten liegen in jedem Winkel, in jeder Ecke, zu mehreren übereinander. Ganze Häuser gibt es hier. Offenbar kann der Ur-Römer von seiner Katakombe nicht lassen. Aus einem Mausoleum am Wegesrand läuft Wasser. Ich schlucke ein wenig. Kopfkino eben. Aber nein. Vor dem Totentempel ist ein Wasseranschluss kaputt. Wohl auch schon länger, denn auf dem Bordstein hat sich Moos gebildet.

Dieser Friedhof vermittelt trotzdem das, was das Wort suggeriert, obwohl's ja nicht davon kommt. Friede. Es ist einfach nur ein eingefriedeter Hof. Kann man hier allerdings auch sehr schön beobachten, denn die Mauern um Campo Verano herum entsprechen in Höhe und wahrscheinlich auch Breite denen der Aurelianischen Stadtmauer. Haben die hier Angst, dass die Insassen abhauen? Oder dass die Mafia klammheimlich „gute Freunde" verschwinden lässt? Hach, ich habe immer so ketzerische Gedanken, wenn es ernst werden soll.

Aber manches ist für mich schwer nachzuvollziehen. Auf meinem Weg nach draußen komme ich an einigen Mausoleen vorbei, die Glastüren haben und aussehen, als wären sie von der Poste Italiane installiert worden. Aber mal ehrlich, wer will denn hier noch telefonieren?

Palazzo Valentini – im Turbogang in die Römerzeit

Heute bin ich mal antik unterwegs. Nach wie vor finde ich diese Redewendung nett, auch wenn sie von meiner Schwiegermutter geklaut ist. Vor langen Jahren war sie mit meinem Schwiegervater in der Nähe von Rom und traf dort ein anderes deutsches Ehepaar, das ihnen anvertraute, sie wären diesen Sommer nur etruskisch unterwegs. Also auf den Spuren des alten Volkes der Etrusker. Seitdem bin ich dann schon mal antik, römisch oder sogar taiwanisch unterwegs.

Ich begebe mich also nun in das Zentrum der einstigen Weltmacht: Rom! Ich habe nicht vor, das Forum, den Palatin oder das Kolosseum ‚zu machen‘, auch wenn sich das auf jeden Fall lohnt, wenn man es noch nie angesehen hat. Die Eintrittspreise sind allerdings auch so, dass man nicht mal einfach hineinläuft, um „Hallo“ zu sagen. Allerdings werden die antiken Stätten hier nicht vom Staat subventioniert.

Ich hatte da etwas gelesen, was mich sehr interessierte: „Startklar für eine Zeitreise?“ hieß es da. „Unter dem Palazzo Valentini, einem Palais aus dem 16. Jahrhundert, fanden sich bei Ausgrabungen die Reste von zwei römischen Villen. In einer Multi-Media-Show werden Räume und Fresken effektvoll virtuell rekonstruiert.“ Na, das ist doch mein Ding!

Ich kann mir anhand von Ruinen schon meist etwas vorstellen, aber es dann richtig vor sich zu sehen, ist doch was anderes. Bei meinem ersten Rombesuch 1980 gab es auch schon diese kleinen Bücher, in denen man Folien mit den rekonstruierten Gebäuden auf Fotos der Ruinen legen konnte. Fand ich toll, und bedauerte, dass es das nicht auch von anderen Gebäuden gab.

Na, und jetzt begebe ich mich quasi in so ein Buch.

Wir steigen einige Stufen herab und die Luft wird kühler. Die deutsche Führung entpuppt sich als Sprache aus der Konserve. In jedem Raum gibt es Schalter, um Italienisch, Englisch, Deutsch abspulen zu können. Warum nicht?

Es kostet zunächst einiges an Überwindung, auf die Glasplatte zu steigen, die den gesamten Ausgrabungsbereich auf Kellerniveau überdeckt.

Im ersten Raum ist die Tonqualität grottig. Super, wenn das so weitergeht. Inhaltlich ist das Ganze aber gut. Es handelt sich um eine private Thermenanlage, also die Sauna mit Spa-Bereich von Happy Old Romans.

Sehr interessant, was der nette Herr in manchmal typisch italienisch sentimentalem Wortlaut da erzählt. Von Wärme in Ziegelröhren über schuftende Sklaven und Kinderlärm, alles dabei aus dem täglichen Leben von Herrn und Frau Senator. Oder irgendetwas anderem Wohlhabenden. Seeehr Wohlhabendem. Unterirdisch wird mal dieser, mal jener Bereich angeleuchtet. Mit Farben und Geräuschen wird der mehr oder weniger kundige Zuschauer dazu verleitet, sich tatsächlich ein Bild der antiken Anlage zu machen. Hat mir sehr gut gefallen.

In England ist man schon lange auf den Trichter gekommen, solche Dinge dem Publikum visuell nahezubringen. Aus Rom kannte ich das bisher noch nicht. Super!

Heute ist der Park mal dran!

...dachte ich mir so in meinem jugendlichen Leichtsinn. Etwa 10 Minuten von mir entfernt gibt es einen Park, Parco Villa Carpegna.

Da ich mich heute nicht entscheiden konnte, was ich tun will, habe ich mir überlegt, mal ein bisschen in diesen Park zu gehen, mich auf eine Bank zu setzen und die Gedanken schweifen zu lassen, sprich, an meinem neuesten Projekt zu arbeiten.

Gesagt, getan. Ich mache mich also auf den Weg und trete bald durch das große steinerne Tor der Grünanlage. Tja, grün ist sie schon, man kann auch zwischen dem Unkraut einige unerschrockene Grashalme erkennen, aber... nun, ich freue mich, dass ich in einem regenreichen Land wohne. Versuche ich mir zumindest gerade einzureden.

Die Villa sieht leider auch ziemlich baufällig aus, obwohl sie, wie ich später nachlese, schon so 300 Jahre auf dem Buckel hat und von einer Gesellschaft genutzt wird, die sich der Förderung der modernen Kunst verschrieben hat. Sieht man auch, im Hof rostet ein großes Etwas vor sich hin. Alles in allem macht die ganze Anlage einen verwahrlosten Eindruck auf mich. Es gibt einen großen Brunnen, eigentlich wohl einen Springbrunnen, aber der wirkt eher wie ein Betonbassin, überall bröckelt es und ist mit gestreiftem Band abgesperrt. Das sieht alles so traurig aus. Obwohl es eigentlich ein schöner Park wäre. Es sind viele Bänke aufgestellt worden und grünes gemähtes Unkraut sieht doch schließlich auch ganz hübsch aus. Und der Park hat noch Glück, weil viele Bäume hier stehen, die der Fläche Schatten und somit Verdunstungsschutz bieten können.

Von einer Freundin, die südlich von Rom wohnt, weiß ich, dass Wasser immer knapper wird.

Sie hatte sich vor einigen Jahren einen Garten angelegt, mit Rosen und wie man es in Deutschland halt so gerne hat.

Inzwischen vertrocknen ihr die meisten Pflanzen, weil sie mit dem Gießen nicht mehr hinterher kommt. Der Boden wird immer trockener.

Rom hat ja eine recht gute Wasserversorgung, an jeder Ecke gibt es schließlich Trinkwasserbrunnen, aber insgesamt sieht diese Entwicklung bedrohlich aus.

Doch genug der Panikmache: Die Bäume rauschen trotzdem im Wind, Omas sind mit ihren Enkeln unterwegs, ein Liebespaar knutscht intensiv auf einer Bank in einem Wäldchen.

S's ist Sommerzeit! Naja, fast noch.

Ich setze mich auf eine Bank und mache mich bereit zum Gedankenschießenlassen. Da setzt sich die erste Fliege auf mich. Und eine Mücke stattet mir auch einen Besuch ab. Himmel! Kann denn der Frömmste nicht in Frieden leben, wenn es den bösen Mücken nicht gefällt?

So ist das. Da will man sich mal dem Nachdenken widmen und was ist? Gepiesackt wird man. Gut. Dann fahre ich halt in die Stadt. Ihr habt es ja nicht anders gewollt.

...und heute mal Frascati

Das Wetter soll wieder super werden, also entschließe ich mich, einen Ausflug nach Frascati zu machen. Das werde ich wohl eher nicht tun, wenn es hier dann auch mal herbstet.

Obwohl, ein wenig kühler wird es jetzt schon, nachts sind es mitunter nur 14 Grad, jawohl!

Also schwinge ich mich in den Zug, der nur eine halbe Stunde bis zur Sommerfrische römischer Päpste braucht. Frascati gehört wie Castel Gandolfo zu einer Reihe von 17 Städten in den Albaner Bergen, in die sich die römischen Herrschaften während der Sommerhitze in der Urbs zurückgezogen haben.

Kleine Kuriosität am Rande: Mein Zug geht von Gleis 18. Ich stehe vor den Gleisen und fühle mich wie Harry Potter: auf Gleis 17 folgt Gleis 19. Die Bahnbeamtin hilft mir weiter. Doch, doch, das sei schon richtig, ich soll mal nur das Gleis 17 langlaufen. Na dann... Und tatsächlich: nach gefühlten drei Kilometern taucht noch ein Gleis auf.

Der Blick auf Rom ist wirklich atemberaubend. Wie ein Teppich liegt es zu Füßen des Zentrums von Frascati. Leider zu weit weg zum Fotografieren.

Ich wäre gerne in die Gärten der Villa Aldobrandini gegangen, aber, wie peinlich, ich hab sie nicht gefunden. Ich suchte die Villa, ich suchte die Gärten, nix. Na, denke ich mir, auch nicht so schlimm, die Stadt ist wirklich schön. Eine mittelitalienische Bergstadt eben. Ich streife durch Gassen und Gässchen, über Piazzale und Piazze und genieße es. Es ist kaum was los, liegt auch an der Mittagszeit, aber allmählich flaut der große Touristenstrom tatsächlich ab. Es gibt Gebäude zu entdecken, die über dem Tal thronen, kleine Cafés, Geschäfte. In einer leeren Osteria mache ich eine Pause, weil ich das Gefühl habe, meine Füße fallen gleich ab. Trotz meines mickrigen Italienisch habe ich quasi gleich Familienanschluss. „Ah, aus Rom kommt die Signora! Ja, wo wohnt sie denn da? Cornelia? Wie? Nichts Schöneres im Zentrum? Ach für drei Monate! Ja, super!" Ich bestelle Spaghetti cacio e pepe und ein Bier, eine Schwäche von mir, ja, ich weiß. Ich mag diesen herben Geschmack, wenn es so heiß ist.

Cacio e pepe heißt einfach, mit einem bestimmten Käse und Pfeffer. Die römische Küche ist einfach. Nudeln, Käse, Pfeffer, Basta! Sahne hat da aber auch gar nichts zu suchen, wie wir das in Deutschland schon mal gerne machen. Römische Küchenzutaten sind eben einfach. Es wird zum Beispiel noch Zichorie verwendet, was bei uns nach dem Krieg zum Kaffeeersatzbrauen verwendet wurde.

Aber die Qualität der Zutaten muss perfekt sein. Und die Kombination ebenfalls. In meinen Spaghetti habe ich das Gefühl, ist das gelungen. Dann möchte ich zahlen. „Nicht so eilig Signora. Wir haben Zeit!" Er lächelt. Und er hat natürlich recht.

Ich möchte hier auch gerne erwähnen, dass der Cappuccino nicht kochendheiß getrunken wird, „zum Schnüss" verbrennen, wie man so im Kölner Jargon sagen würde. Und wie es in Deutschland gefordert wird. Ich habe ihn überall heiß, aber sofort trinkbar bekommen. Macht ja auch Sinn, wenn die Römer sich den Kaffee an der Bar bestellen. Da will man sich ja nicht die Beine in den Bauch stehen, bis er eine annehmbare Betriebstemperatur hat. Und ich glaube auch, dass es dem Cappuccino nicht gut tut, so erhitzt zu werden. Wer unter uns hochverehrten Cappuccino-Trinkern, die schon einmal die Gelegenheit hatten, in Italien zu genießen, hat noch nicht gesagt: „In Italien schmeckt er aber am Besten!"

Nach dem Essen ziehe ich weiter und will es doch noch wissen: wo ist denn dieser vertrackte Garten? Ich suche die Touristeninfo, habe sogar eine Adresse. Die Touristeninfo ist natürlich geschlossen. Außerdem sieht sie mir eher aus, wie die Dependance der danebenliegenden Polizeistation. Ich gebe auf. Und setze mich noch einen Augenblick, um die Aussicht zu genießen. Ein älterer Herr spricht mich an. Ganz vorsichtig, er hält Abstand. Ist mir ja schon mal recht.

Er habe 25 Jahre in Deutschland gearbeitet, fast die ganze Zeit in Wolfsburg bei VW, auch ein paar Jahre in Stuttgart. Jetzt wohnt er hier in der Nähe und besucht seine Tochter in Frascati. „Ja", sage ich, „Italien ist bestimmt der schönere Wohnort." „Ach nein", sagt er weise. „Das kann man nicht sagen."

Den angebotenen Cappuccino schlage ich lieber aus. Schade. Vielleicht wäre es ja wirklich mal etwas total Unverfängliches gewesen. Aber ich will es lieber nicht riskieren. Er schüttelt mir zum Abschied die Hand und schlurft von dannen.

Inspiration, bitte kommen!

Ja, das ist gar nicht so einfach. Ich hatte mir das so nett vorgestellt, sinnend irgendwo Rast machend und in die Ferne starren, während sich vor meinem inneren Auge wunderbare, buchreife Szenen abspielen, die ich abends dann nur noch zu Papier bringen muss. Tja, Pustekuchen. Wie schon erwähnt machen mir Mücken einen Strich durch die Rechnung. Oder etwas, das ich gerne betrachten, beobachten möchte.

Ich muss zugeben, zuhause bekomme ich die besten Ideen beim Autofahren, man glaubt es kaum. Vielleicht, weil man die Gedanken wirklich so gut schweifen lassen kann. Ein Teil des Gehirnes widmet sich dem Straßenverkehr und der Rest geht auf Wanderschaft. Hier läuft das gesamte Gehirn auf Hochtouren herum. Immer wieder neue Eindrücke machen es mir schwer, mich auf den Plot, die Story, zu konzentrieren. Zumal mir eben noch ein paar Hintergrundinformationen fehlen. Da traue ich mich gerade nicht so weiter. Unvorstellbar, wenn mein Gedankengebäude einstürzt, weil an der Basis etwas total verkehrt ist.

Heute bin ich deshalb den ganzen Tag zu Hause geblieben. Und habe mich in mein Buch vernarrt. Ja, ehrlich! Ich habe 6 Stunden lang geschrieben und musste dann nochmal einkaufen gehen. Da geht es mir dann so, dass ich durch die Gegend wandle, weil ich in Gedanken noch voll bei meinen Figuren und Bildern bin. Also völlig umgedreht. Ich bin nicht draußen, sondern innen drin. Ob das jemand sieht?

Alta Moda in Rom

Wie jeder weiß, sieht an italienischen Frauen in der Regel der letzte Fetzen schick aus. Wie machen sie das bloß?

So allmählich komme ich dahinter. Die, die hier seltsam aussehen, sind die Ausländer. Die Römerin an sich trägt im Alltag keine bunten Farben. Schwarz und gedeckt, vielleicht noch weiß, das gönnt man sich hier.

Leute mit bunten Blusen sind schon mal gleich Amerikaner, die, die zu enge Hemdblusenkleider tragen, in dem jedes Speckröllchen ausdrucksstark inszeniert wird, und künstlich blond sind, kommen eher aus Richtung Russland, bequemes Schuhwerk ist eindeutig den Deutschen zuzuordnen. Allen Ausländern gelingt es, den nylonbunten Tourenrucksack aus Angst vor Taschendieben quer vor den Oberkörper zu spannen. Ich falle hier auf mit meinen sommerbunten Kleidern wie, ja wie eben der sprichwörtliche bunte Hund.

Die Römerin an sich hat offenbar auch Angst vor borsaioli, Taschendieben, denn sie klemmt die schicke Pradatasche mit Henkel über der Schulter unter den Arm. Es sieht aber eben nicht so plump aus.

Die Schuhe. Das ist ein erstaunliches Thema. Die Kleidung einfach schick, Stoffhose, weiße Bluse, Sonnenbrille, Cityshopper unter dem Arm, Glitzerschuhe mit Absätzen so hoch, wie der Fuß lang ist. Wieso fällt die da nicht runter oder bleibt im Kopfsteinpflaster hängen? Das widerspricht sowas von den Gesetzen der Statik. Ich habe auch noch keine Römerin mit ungepflegten Füßen gesehen. Das läuft hier so: zeige mir deine Füße und ich sage dir, ob du ein Tourist bist.

Aber Sandalen werden hier eher selten getragen. Dafür Schuhe in allen Formen, Farben und vor allem Absätzen. Lederstiefel mit Schäften bis zum Po. Und womit die meisten Frauen in Deutschland aussehen, als würden sie direkt aus St. Pauli kommen, sehen sie hier aus, als wären sie mal eben vom Laufsteg gehopst! Ich begreife es nicht und staune.

Das ist wahrscheinlich die 2000 Jahre alte Schuhkultur. Das können wir niemals wieder aufholen. Ich geh mir mal meine Birkenstock holen.

Invito al palazzo

Ja, man hat mich in den Palast eingeladen. Leider nicht wegen meiner herausragenden Fähigkeiten, nein, ich habe zufällig gelesen, dass einmal im Jahr am ersten Oktobersamstag einige Banken ihre Türen öffnen, um ihre Kunstschätze zu zeigen. Das Bankwesen kommt ja zu einem Gutteil aus Italien, weswegen wir immer noch italienische Begriffe wie Giro-Konto oder Saldo nutzen.

Nun gut. In Italien haben sich die Banken dann auch gerne mal einen Palazzo geleistet. Und tatsächlich, bei der ersten Bank, der Unicredit Banco di Roma im Palazzo de Carolis hat man mir einen roten Teppich ausgelegt über den ich jetzt elegant mit Outdoor-Sandalen und Rucksack schlappe. Eine kurze Kontrolle des Personalausweises und dann werde ich schnell noch in die bereits laufend Besichtigungsgruppe eingeschleust. Und ich verstehe...so gut wie nichts. Der Führer spricht natürlich italienisch, denn selbst unter Italienern ist diese Einrichtung wohl ein Geheimtipp. Touristen, zumindest außeritalienisch, kann ich keine ausmachen. Aber das, was man zu sehen bekommt, ist fantastisch. Künstler mit so klangvollen Namen wie Procaccini, Trevisani, Panini haben hier ihre Bilder hingehängt. Und auch die Decken ausgemalt, wo mir jetzt rosig-rundliche Putten um die Ohren schwirren. Und es gibt auch noch eine ungewöhnliche ovale Treppe zu bestaunen, die ebenfalls vom Hausarchitekten Alessandro Specchi konzipiert wurde. Ich bin begeistert.

Ich laufe dann rasch gegenüber in die Einkaufspassage Alberto Sordi, um an der Bar dort ein kleines Frühstück zu nehmen. Das ist übrigens ein Geheimtipp, vor allem im Hochsommer, weil die geräumige Passage aus dem 19. Jahrhundert klimatisiert ist und zur anderen Seite fast am Trevibrunnen rauskommt. Touristen sieht man hier selten.

Dann begebe ich mich auf die Suche nach der nächsten Bank und werde im Palazzo Rondini, fast am Piazza del Populo, fündig. Hier residiert die Banca Monte dei Paschi di Siena, die sich, glaube ich als die älteste Bank bezeichnet. Hier hat sich schon eine größere Schlange angestellt. Auch römische Familien nutzen gerne den Samstag als Shopping Tag. Der Palast ist völlig anders, weil er viele Renaissance Elemente enthält. Inklusive unzähliger echter antiker Fundstücken, die man gekonnt in den Palast mit eingebaut hat. Schön, wie Bankens so leben und arbeiten.

In Rom gibt es bestimmt noch fünf oder sechs weitere Banken, die ich so besichtigen könnte, aber jetzt bin ich platt. Muss mal wieder nach meinem Mopped gucken.

Organisatorisches a la Romana

In Rom gibt es so viele Dinge, bei denen es in den Fingern juckt, schnell auf Stadtplanung um zu schulen. Aber halt, selbst wenn ich die Kenntnisse besitzen würde, die ich bräuchte, so einfach ist das alles nicht, wie es aussieht. Die Sache mit den Taxifahrern zum Beispiel.

In Rom gibt es wohl zu wenig Taxen. Man könnte viel mehr brauchen. Wo die dann allerdings in der Innenstadt parken sollen, sei mal dahingestellt.

Die Regierung hat versucht, mehr Lizenzen zu vergeben. Da sind aber die alten Taxifahrer auf die Barrikaden gegangen. Denn sie sahen ihre Altersvorsorge massiv gefährdet. Die Taxilizenzen werden hier weiterverkauft, wenn der Fahrer ins Rentenalter kommt. Da kommt schon der Preis einer kleinen Dreizimmerwohnung im Zentrum zusammen. Wenn die Lizenzen jetzt inflationär zunehmen, sinkt der Preis für diese Lizenzen. Würde ich auch nicht so toll finden.

Manchmal ist hier wirklich ziemlich viel zerwurschelt und ich wüsste nicht, wie man da Lösungen finden soll.

Bei einer anderen merkwürdigen Sache bin ich gestern der Lösung – hoffentlich – ein Stück näher gekommen. Nachdem ich vor drei Wochen Postkarten verschickt habe und ich auf keine einzige eine Antwort bekam, machte ich mir langsam Gedanken darüber, wie ich Postpakete an meine Kinder, von denen einer sogar in Thailand weilt, von Rom aus schicken soll. Und zwar so, dass sie ankommen. Wenigstens irgendwann.

Da traf es sich günstig, dass ich gestern in der Casa Goethe war, einem Museum, in dem Goethe zu seinem Italienbesuch anno 86-88 geweilt haben soll. 1700 versteht sich. Und da fragte ich die nette junge Dame an der Kasse, was es denn hier mit der Post auf sich hätte. Ich hatte mich inzwischen auch erkundigt, was eine DHL Lieferung kosten würde. Nach Thailand lumpige 68 Euro. Jaaa! Euro, nicht Lire....Da kann ich ja zur Paketübergabe fast selber hinfliegen. Die junge Dame gab sich gebührend schockiert ob meiner Information. Ihrerseits sagte sie, dass die Postkarten, die sie kürzlich verschickt hätte, nach 4 Tagen in Deutschland angekommen wären. Ein schier unvorstellbarer Zustand für mich.

Der geneigte Leser erinnert sich, dass ich mich über die mangelnde Anzahl an Briefkästen beschwert habe?

Die junge Dame erzählte mir dann, dass, wenn ich die Briefmarken am Kiosk gekauft hätte, ich die Postkarten auch in die dort bereitgestellten grünen Briefkästen werfen müsste. Nicht die roten Kästen von der Poste Italiane. Wer weiß, wann die ankommen.

Ok, dass es verschiedene Busanbieter in den Städten gibt, wusste ich schon. Aber jetzt auch verschiedene Postbeförderungsunternehmen ...!

Wie heißt es bei Asterix und Obelix über Rom so schön: „Ein neuer Tag geht auf über der erstaunlichsten Stadt des Universums, Rom!"

Meine Vespa – Teil XY

Eigentlich, ein schönes, aber auch vollkommen überflüssiges Wort, eigentlich wollte ich gestern schon mit meiner Vespa eine Ausfahrt unternehmen. Samstagnachmittag und so. Leider hatte der Verkehr aber kaum abgeebbt. Und es sah nach Regen aus. NEIN Christine, da kannst du wirklich nicht fahren.

Ich war beruhigt. Und doch wieder auch nicht. Jetzt war ich schon soweit gekommen, konnte das Ding starten, überhaupt erst aus der Garage befreien, schalten, da werde ich es wohl auch fahren können. GERNE!

Nun gut. Heute morgen sah es immer noch nach Regen aus. Nicht mit mir, nuschelte ich dem Frühstückskaffee entgegen und machte mich auf, den Tag mit der Vespa zu erobern. Und was soll ich sagen, es machte mir Spaß!

Wahrscheinlich daran abzulesen, dass ich mich an den Ampeln um wartende Autos rumlaviere, verkehrt herum in Einbahnstraße fahre und Fußgänger das sein lasse, was sie sind: hässliche Farbflecken am Straßenrand, nicht wert meiner Beachtung.

Naja, ich will nicht übertreiben, ich habe ein deutsches Kfz-Kennzeichen hinten dran, wahrscheinlich denkt die Hälfte der Verkehrsteilnehmer: Achtung, da kommt wieder so 'ne Bekloppte von jenseits der Alpen. Aber mir doch egal!

Das Kopfsteinpflaster am Campo de' Fiori finde ich nicht toll, auch die Gullys sind bescheiden, weil sie oft aufgeworfen oder tief in die Straße eingelassen sind, doch die Autofahrer nehmen darauf oft, nicht immer, Rücksicht.

Aber es ist wirklich ein schönes Stück Freiheit, was man hat. Und heute war immer noch verhältnismäßig viel Verkehr auf den Straßen. Haben die denn nicht gehört, dass heute Sonntag ist? Kirchgang ist angesagt!

Ich wollte gerne etwas aus meinem neuen Reiseführer „Verborgenes Rom - der Reiseführer der Einheimischen" machen, ein Saal im Palazzo Spada, der nur einmal im Monat geöffnet wird, dafür konnte ich die Galleria Spada, eine Gemäldeausstellung, besuchen und zwar gratis. Das war dann, weil die am ersten Sonntag im Monat frei ist. Meine Güte, wer soll sich denn diese ganzen Besonderheiten merken.

Trans Tiberim – Trastevere

Ich mag es kaum gestehen: ich war vor meinem jetzigen Rom-Aufenthalt bisher nur einmal in dem Stadtteil, den die Kölner als „schäl Sick", also „falsche Seite" bezeichnen würden. Diesmal sieht die Sache aber so ganz anders aus.

Hier gibt es soviel zu entdecken, Kleines wie Großes.

Die Villa Farnesina z.B. mit ihren wunderbaren Malereien von Rafael. Oder die Kirche Santa Maria in Trastevere, hübsches spätrömisches Beispiel von Säulenrecycling. Auf dem Platz davor ist immer was los, Gipsy-Musik, Trommler, alles da, was das Touristenherz begehrt.

Als ich mit meinen Eltern 1980 das erste Mal in Rom war, galt dieser Stadtteil als verpönt. Hier war es gefährlich, In jeder Ecke lauerte das Verbrechen. Heute ist es ein pittoresker Touristenmagnet, bevorzugt bewohnt von Künstlern und Leuten, die sich gerne dazu zählen. Und voller Restaurants.

Ich suche das „Augusto" auf, lt. Reiseführer eine der letzten typisch römischen Trattorien, die getreu dem Motto funktionieren: Du isst das, was auf den Tisch kommt, basta! Die Tische sind einfachster Machart und die Kellnerin haut Papier von der Rolle drauf, wie beim Masseur auf die Liege. Heute gibt es keine Gnocchi, nur Dienstag und Donnerstag. Aber es ist sehr lecker. Und Akkordeon-Musik aus dem Hinterhof gibt es gratis dazu.

Einer meiner Lieblingsplätze ist aber die Kirche Santa Cecilia im Süden von Trastevere.

An einem Platz, an dem Künstler in kleinen Geschäften ihre Produkte feilbieten, liegt sie innerhalb eines Klosterkomplexes. Mich beeindruckt sie allein dadurch, dass sie hell ist. Eine barocke Hallenkirche. Gerade Mauern, relativ flache Decke, aus die Maus. Und ganz vorne liegt die bezaubernde Statue der heiligen Cäcilia. Sie liegt in einer für Statuen untypischen Haltung mit dem Bauch auf dem Boden und mit verhülltem Kopf, man kann also ihr Gesicht nicht erkennen.

Ist vielleicht auch besser so, denn der Künstler Stefano Maderno hat sie nach einer offenbar gelungenen Exhumierung aus dem Marmor gemeißelt, die Heilige der Kirchenchöre.

Wie es aussieht, hat er aber wohl die falsche abgemeißelt, denn laut meinem Reiseführer, konnten sie das Grab nicht exakt bestimmen, und haben eben eine gut erhaltene römische Leiche dafür hergenommen.

Macht nix, is' hübsch geworden.

Die Krone der Schöpfung

Wie konnte mir das nur passieren! Ich habe sie einfach unterschlagen! Römische Männer und die Mode.

Das, was ich über Frauen geschrieben habe, also klassisch schick mit einem Hang für's ausgefallene Schuhwerk gilt auch...oder nee, eigentlich nicht.

Römische Männer, ich muss es tatsächlich sagen, sind oft coole Socken.

Wahrscheinlich entfernen sie sich gar nicht mal so sehr vom weiblichen römischen Modetrend, aber im Vergleich zum mitteleuropäischen Latschenträger sind sie ein Genuss. Tut mir echt leid, Jungs!

Heute Morgen stieg ein junger Mann in die Metro, dreiviertel hellgraue Sweatchino, mittelblaue Steppjacke, blaue Sneakers, gepflegte Kurzhaarfrisur, Rucksack bis zum Po. Das ist es! Mut zur Kombi! Klar, es gibt auch massenweise Beispiele für Anzugträger, aber immer mit letztem Schliff. Und, wie auch bei den Damen, obligatorische Sonnenbrille. Ob man die in der Metro braucht? Aber bei Mode geht es ja bekanntermaßen nicht um das, was man braucht. Aber auch bei dem weißen Hemd unter dem grauen Anzug-Jackett geht noch was, das hatte nämlich zwei schwarze Kragenknöpfe bei meinem Metro-Gegenüber. Immer noch ein bissel was Besonderes... einen Hauch „Ich kann's!"

Oder folgendes Model, auch von heute Morgen, Metro: klassische Denim, lila Weste über weißem Hemd und, fass ich es denn, Zylinder! Starrt gelangweilt aus dem Fenster. Eindeutig der Blick Ich-weiß-dass-ihr-guckt-

und-ich-find-das-toll-aber-ich-zeig-euch-das-nicht.
Wie gesagt, muss man draufhaben.

Die vollkommene Ernüchterung dafür heute Nachmittag, und ja, ihr müsst jetzt ganz stark bleiben, war ein Deutscher: Mittelalter Mann, weißes offen stehendes Freizeithemd, offen an Kragen und am Bauch, und Sandalen ohne Socken. Die Zehennägel ließen einen wieder für die Tennissocke plädieren. So kommen wir nie aus unserem Männermodesumpf. Nee, wirklich.

Das Viertel Coppedè

Je länger ich in Rom bin, desto mehr muss ich zugeben, niemals alles gesehen haben zu können, was ich mir anschauen wollte.

Das Wetter war heute mal wieder ein Knaller, also wollte ich etwas machen, was sich draußen abspielt. Wo's dann so richtig mies ist, wenn es regnet.

Dafür bin ich erstmal in den botanischen Garten gegangen, weil ich dachte, die Mücken sind des Sommers überdrüssig. Tja, falsch gedacht, kann ich nur sagen. Der Botanische Garten ist ein netter schattiger Ort in einer Symphonie in Mück.

Ganz hübsch, aber kein Vergleich zu unseren botanischen Gärten. Es gibt einen Bambus-, einen Rosen-, einen Japanischen- usw. Garten, aber auch wenn man berücksichtigt, dass Herbst ist, war das eine äußerst maue Schau. Witzig fand ich allerdings, dass es im tropischen Gewächshaus angenehmer war, als draußen.

Dann habe ich mich in die Straßenbahnlinie Nummer 3 gesetzt. Ist eine schöne Linie. Sie führt von Trastevere bis hin zur Villa Giulia und kommt am Colosseum, Lateran und so netten Sachen vorbei.

Am Piazza Buenos Aires bin ich ausgestiegen. Dort liegt von der Via Tagliamente abgehend, das Viertel Coppedè, und das ist wirklich speziell. Coppedé war ein Architekt, der Anfang des 20. Jahrhunderts beauftragt wurde, ein neues Viertel mit Bürgerhäusern zu erstellen. Und das ist recht hübsch gelungen. Sieht aus, wie ein Phantasie-Stadtteil, ein bisschen Art Deco, Jugendstil und Märchen. Das steht ja auch schon ein paar Jahre, aber vor lauter Antike, Renaissance und Barock geht sowas hier leider unter. Wieder mal ein Beispiel dafür, wie es ist, wenn man einfach von allem zuviel hat.

Und immer lockt die Post – nur nicht hier

Es gibt Momente, da möchte ich den ewigen Kritikern in Deutschland, die immer gegen alles sind und alles schlecht reden müssen, entgegenschreien: Leute, jetzt aber ganz kleine Brötchen backen! Schaut euch mal im Ausland um!

Da ich heute eine italienische Post aufgesucht habe, ist nun solch ein Moment gekommen.

Weil ich gerne meinen Söhnen, wie ich schon erwähnt habe, ein Paket schicken und auch diesmal die richtigen Briefmarken auf meine Postkarten kleben möchte und auch aus einer guten Portion Neugier heraus, musste das sein.

Es gibt dazu eine nette Beschreibung in Barbara Schönauers „Gebrauchsanweisung für Rom". In diesem Zusammenhang möchte ich nochmal betonen, dass ich es mir nicht anmaße, die Römer wirklich zu kennen, geschweige denn zu verstehen. Was ich hier wiedergebe, sind allein meine Beobachtungen. Wo war ich? Ach ja: Post!

Ich komme rein, zugegebenermaßen ist 11.00 Uhr immer eine blöde Uhrzeit für einen Besuch bei einem Amt. Die ganze Wartehalle voller Menschen. Aber, aha, denke ich, es gibt Nummernautomaten, an denen man eine Wartenummer zieht. Eine Dame steht daneben und hilft weiter.

„Ich brauche zehn Briefmarken und möchte wissen, was Pakete nach Spanien und Thailand kosten."

„Oh, das ist jetzt aber schwierig. Spanien, kein Problem, ist ja EU, aber Thailand? Nun ja, nehmen sie hier die Nummer aus dem Bereich „Postale e servizii per cittadini". Daraus wird klar, dass hier wohl im Leben kein Tourist aufkreuzt, denn „cittadini" sind Bürger. Ok. Super! Die Nummer 79, drunter steht, dass nur noch 14 vor mir warten. Ich stehe ein bisschen herum, da viele alte Leute hier sind, und die benötigen eher die Sitzplätze. Es ist Anfang des Monats, vielleicht holen sie ihre Rente ab. Warum sitzen hier aber so viele Leute, wenn ich die 14. bin? Oh, alles klar, es gibt ja noch drei andere Bereiche außer „Postale...", und nur hier bin ich 14. Also mit viel Glück sind noch ungefähr 40 Leute vor mir. Das erklärt natürlich so einiges. Schalter heißt übrigens „sportello", das Wort kann einem bei der Bank, bei der Post und im Bahnhof begegnen und hat, wie ich gerade mal wieder feststelle, rein gar nichts mit sportlich zu tun.

Nach etwa einer halben Stunde hat die nette Dame vom Anfang ein Einsehen und sucht mir die Preise für die Pakete heraus: 60 Euro nach Thailand, da geht nur ein Express-Service, was anderes würde ich mich hier auch gar nicht trauen und nach Spanien sind es, wenn ich unter einem Kilo bleibe, auch noch 24 Euro. Die nächste halbe Stunde verbringe ich in einer Schockstarre.

Dann wird meine Nummer aufgerufen und ich gehe zu meinem Schalter.

„Ich benötige 10 Briefmarken für Postkarten innerhalb Europas."

„Alles klar!"

Was dann folgt, reizt mich so zum Lachen, dass ich aufpassen muss, nicht laut heraus zu brüllen.

Der Beamte füllt ein kleines Formular aus, bei dem ich denke, ich muss mir die Marken noch an einem anderen Schalter abholen. Nein. Er steht selber auf und verschwindet für 2-3 Minuten in den hinteren Gemächern. Kommt dann mit einem anderen Formular, einem größeren, zurück. Auf dem schon etwas eingetragen ist. Dann setzt er sich wieder. Füllt dieses Formular aus. Dann steht er wieder auf, holt von irgendwo seitlich einen Bogen mit schätzungsweise 40 Briefmarken, zeichnet etwas an seinem Formular ab, trennt die Marken, erst den Überstand rechts, dann den Überstand links, schließlich meine zehn, ab und strahlt mich an: „Zehn Euro!"

Ich bin fassungslos, schiebe ihm blöde grinsend mein Geld entgegen, erwarte fast, dass er damit aufsteht um es zu wechseln, aber nein, ätschbätsch, er hat tatsächlich eine Wechselgeldkasse da.

Eine Stunde für 10 einfache Briefmarken!

Liebe Leute, kauft die Dinger beim „Tabacchi" oder an einem der grünen Kioske, und schmeißt sie da in die vorgesehenen, gelben Boxen.

Ich liebe fortan die Deutsche Post!

Römisch unterwegs

Das Wetter gibt sich heute deutsch, es regnet unablässig. Obwohl, stimmt auch nicht so ganz. Es ist nämlich noch einigermaßen warm dazu. Also beschließe ich, mir ein Museum, das ich mir für diesen Fall aufgespart habe, zu besuchen: Museo Massimo alle Terme.

Leute, wer antik römisch unterwegs ist: Nach Forum und Kolosseum ist das hier ein Muss!

Ich bin hin und weg.

Bei meinem ersten Besuch in Rom vor – na, lassen wir das – war der Großteil an römischen Statuen und Skulpturen im Museo delle Terme Diocleziano ausgestellt, also gegenüber dem Hauptbahnhof in den Räumlichkeiten der Thermen des Diokletian, die hier den Platz beherrschen. Und ich glaube, es war alles drin, was man nicht im Konservatoren-Palast unterbekommen hatte.

Aber in diesem recht neu eingerichteten Museum ist weniger mehr. Ich habe ja auch gerne alles beisammen, aber die Fundstücke sind hier perfekt ins rechte Licht gerückt. Man muss einfach andächtig davor stehen bleiben, um ihnen hier vollendet inszeniert nahe zu kommen.

Und was hier so beleuchtet wird! DER Augustus, DER Diskuswerfer (naja, die bekannte römische Kopie), DIE Fresken aus dem Haus der Livia. Ich bin schlichtweg begeistert.

Danach Kontrastprogramm um die Ecke: Santa Maria Maggiore, die größte der 80 Marienkirchen Roms. Hier werden auch die Überreste der Krippe aufbewahrt. So heißt es. Ich mag die Kirche nicht so besonders. Sie ist mir zu duster, obwohl das natürlich die meisten römischen Kirchen sind. Aber ich finde sie irgendwie bedrückend. Dazu trägt bei, dass hier ziemlich viele Leute rumlaufen. Es ist recht laut. Manchmal auch mit Gesang. Marienverehrung hat mehr Emotionalität als alles andere, denke ich mir. Ich war hier auch schon mal drin, als keine Stühle da standen und auch kaum Menschen hier waren. Dann kommt man der Andacht schon näher. Beten in Massen ist nicht so für mich. Es stört mich auch furchtbar, dass die Touristen sich nicht daran zu stören scheinen, dass an den Seitenkapellen oft steht, dass hier bitte keine Touristen hereinkommen sollen um Fotos zu machen, sondern man solle die Kapellen denen überlassen, die die stille Andacht suchen. Ist wohl so ähnlich wie die Leute, die sich an den Tisch, an dem „nicht berühren" steht, lehnen müssen. Nicht aufregen, Christine, alles ist gut!

Dann bin ich noch auf einen Sprung rüber zu Santa Prassede. Ja! Das ist eher mein Fall. Zwar auch düster, aber kleiner. Und wunderbare Mosaike! Hier erfahre ich auch, dass es nicht nur runde Heiligenscheine gibt, sondern auch quadratische. Sieh mal an! Die quadratischen zeigen an, dass derjenige noch gelebt hat, als das Mosaik gelegt wurde. Sooo? Konnte man dann schon sagen, dass derjenige heilig war? Na, ist wieder sowas Katholisches. Da habe ich keine Ahnung von. Obwohl, wenn man es recht bedenkt, gab es zum Zeitpunkt, als das Mosaik gebastelt wurde, noch nicht katholisch oder evangelisch. Ach, das ist mir zu kompliziert. Ich geh jetzt Pizza essen.

Männer der italienischen Art

Kommen wir zu einem Thema, über das immer wieder geredet wird: italienische Männer im Allgemeinen und die römische Spezies im Besonderen. Eigentlich bin ich überhaupt nicht prädestiniert, etwas Essentielles zu diesem Thema beitragen zu können, weil ich eigentlich keinen Kontakt zur anderen Sorte Mensch hier in Rom habe. Warum auch, habe ja meinen liebsten Ehemann.

Trotzdem lässt es sich ja nicht vermeiden, hin und wieder einen Mann wahrzunehmen. Kürzlich zum Beispiel bin ich mit der Vespa zum Park der Villa Doria Pamphilii gedüst. Und peinlicherweise habe ich das gute Stück am Berg abgewürgt. Zu hoher Gang. Sofort hielt ein junger, gutaussehender, braungebrannter Italiener in seinem schicken, roten Traumauto...naja, vor allem ich war puterrot. Er wollte mir helfen, der gute, weil er dachte, das Mopped sei kaputt. Wie erklärt man „abgewürgt" auf Italienisch? Und er wollte gar nicht von dieser Jungfer in Nöten ablassen, weil er meinte, er könne mich da jetzt nicht mutterseelenalleine mit meiner störrischen Vespa zurücklassen. Mein Gott, war mir das peinlich. Und das Ganze noch mit einem alienmäßigen Helm auf meinem Hirn. War vielleicht auch besser so. Er erkennt mich niemals in freier Wildbahn wieder. Auf dem Heimweg war es noch peinlicher. Ja, das geht! Ich bin leider in den Berufsverkehr gekommen. Ganz schlecht, wenn man noch nicht mit seiner Vespa zu einer Einheit verwachsen ist. Das Durchschlängeln, besonders im Hupkonzert auf einer dreispurigen Kreuzung, die kurzerhand zu fünf Spuren erweitert wurden, will einfach gelernt sein. Ich habe mich nicht schlecht geschlagen, fand ich. Aber so richtig wohlgefühlt habe ich mich nicht. Es ist schwierig alle Verkehrsregeln, die man gelernt hat und auch seit Jahren mehr oder weniger brav einhält, über den Haufen zu werfen.

Da hält ein Wagen neben mir.

Scheibe wird runtergekurbelt, ein Er sieht aus dem Fenster und gestikuliert wild. Ich denke, er staucht mich zusammen, weil ich so blöd bin, und mich als Ausländerin auf eine Vespa setze und mich in die Rushhour traue. Mit erneut glühendem Gesicht haue ich ab, kreuze durch die Autoschlange, was die Seitenspiegel so hergeben, bis mir aufgeht, nee, der wollte gar nicht mit mir schimpfen. Der hat mich nur gefragt, warum ich immer Standgas gebe. Das wäre doch gar nicht gut. Ja, da hat er natürlich recht.

Die letzte und mir wirklich unangenehme Erfahrung, die ich jetzt gerade zum Besten geben möchte, betrifft einen älteren Herrn hier aus dem Haus. Benjamino. Der ist mir letzte Woche vor dem Haus begegnet. Sprach ein bisschen Englisch und wir redeten so miteinander. Ob wir nicht mal einen Kaffee zusammen trinken wollen? Ja, gerne, nächsten Montag. Dann fing er an, bei mir an der Wohnungstür zu klingeln, verteilte Handküsse, „che bellezza!" Ach, und die Signora hat drei Söhne? Nein, das kann aber nicht sein, ich sehe ja noch so jung aus! Einmal ist das nett, aber sowas brauche ich nicht. Nicht wenn mindestens fünfmal am Tage geklingelt und mir die Hand abgeschleckt wird. Dann steckte er mir noch seine Handynummer zu. Irgendwann schilderte ich Ferdinando das Problem. Man kann im Büro nebenan meine Klingel hören und so fing er dann mal Benjamino ab, und machte ihm klar, dass sich die deutsche Signora belästigt fühlt. „Un pazzo!" sagte er nachher zu mir, ein Verrückter eben.

Die Sache mit dem Italienisch

Ich möchte nun nicht behaupten, dass ich italienisch sprechen könnte. Ich verstehe einiges, gerne besonders Dinge, deren Kenntnis man sich in zahlreichen Italienurlauben angeeignet hat, wie „Ich möchte gerne zwei Kugeln Eis" oder „Schwertfisch". Was der Tourist halt alles so braucht. Wobei: Ich stelle fest, dass sich auch mein Touristenitalienisch verändert hat. Z.B. die Sache mit den Eiskugeln. Nirgends gibt es mehr Kugeln, man haut einfach einen Schlag drauf, und vielleicht noch einen zweiten, wenn noch eine andere Geschmacksrichtung gewünscht ist. Die Preisfrage heute lautet: Hörnchen oder Becherchen?

Vielleicht rede ich ja inzwischen so Italienisch, wie die Amishen Deutsch? Obwohl, ich sprech's ja nicht richtig. Italienisch mein ich. Hatte in dieser Richtung aber heute zwei nette Erlebnisse.

Erstens wollte ich mir Schuhcreme kaufen. Für Lederschuhe in schwarz. Habe ich auch so vorgebracht. Die Verkäuferin legt los, mir zu erklären, wo denn zwei Straßen weiter Schuhcreme zu erwerben sei, da unterbricht sie ihre Kollegin. „Sprich lieber englisch mit der Signora!"

„Nein", antwortete die ihr. „Die Signora versteht das schon!" Ha!

Und das zweite war in einem Obstladen um die Ecke. Da war ich ja schon in Italienisch-Hochstimmung. Die Dame dort redet mit mir dies und das, ich versuche brav zu antworten. Dann sagt sie, sie lebe schon fünf Jahre in Rom und ich spreche bald so gut wie sie.

Naja. Kleine Übertreibungen machen das Leben freundlicher.

Stolper hierhin, stolper dahin

Ein wirklich großes Privileg dieser Monate ist es, seine Pläne ändern zu dürfen.

So hatte ich heute vor, vom Garten der Villa Borghese über den Pincio mich an Santa Trinita dei Monti heran zu arbeiten, um dann in einem eleganten Schlenker zur Villa Borghese und möglicherweise noch an der Villa Giulia vorbeizulaufen.

Auf dem Pincio war es herrlich. Das ist anscheinend jetzt eine kleine Familienvergnügungsmeile. Italienische Familien am Samstagmorgen. Ich schlendere langsam zur grandiosen Aussichtsplattform, die einen DER Blicke auf Rom bietet. Untermalt wird das Ganze von einem Gitarristen, der versucht, „Stairway to heaven" auf eine kleine humoristische Geigeneinlage eines an einer anderen Stelle stehenden Geigers zu legen. Qualitativ war der Gitarrist um Meilen besser.

Ich möchte gerne einen Blick in den Park der Villa Medici werfen und stelle fest, dass man die Villa entgegen meines etwas in die Jahre gekommenen Reiseführers doch besuchen kann. Zufällig beginnt in fünf Minuten die einzige englische Führung des Tages. Gut, denke ich, ist wohl der Wink mit dem Zaunpfahl und tatsächlich, vielleicht gerade weil ich nichts erwarte, bin ich begeistert. Die Dame, die uns herumführt, spricht ihr nicht wirklich akzentfreies, aber gutes Englisch laut und deutlich und mit viel Herz. So freut sie sich begeistert am schönen Wetter heute. Und hat auch wirklich Ahnung. Überraschenderweise ist hier z.B. die Fundstelle der Statue „Niobe und ihre Kinder". Und zwei wunderbare Zimmer mit Wandmalereien. Im einen wurde eine reichhaltige Tierwelt inszeniert, in dem auch Tiere, die man in Italien noch nicht kannte, präzise gezeichnet wurden. Truthahn, Dodo und Stinktier geben sich hier ein Stelldichein.

Die Räume in der eigentlichen Villa sind nett, aber nicht mehr so die Überraschung. Die Überraschung am Schluss ist die schön gelegene Cafeteria Colbert, die mit zwar nicht ganz günstigen Preisen, aber sehr leckerem Kuchen und netter Atmosphäre aufwarten kann. Der bombastische Käsekuchen heißt hier übrigens Japonese cheescake. Warum auch immer.

Gourmet-Tour am Morgen

Heute bin ich von meiner Schulfreundin Stephanie zu einer fantastischen Tour durch die Küche Roms eingeladen worden.

Begonnen hat das ganze am Campo de' Fiori, wo wir bei einer Pizza-Bäckerei durchs Fenster schauen durften. Die römische Pizza ist lang, dünn und knusprig. Die Pizza Biancha ist nur Teig mit Olivenöl und ein wenig Salz, dann gibt es noch zwei für Rom typische Pizzen, Pizza Rossa (mit Tomatensauce) und Pizza Biancha mit Mortadella. Auf dem Campo de' Fiori gingen wir an den Marktständen vorbei und unsere Führerin wies uns auf die verschiedenen Gemüsesorten hin, die ich bei meinem ersten Durchgang hier so einfach nicht wahrgenommen hatte. Zucchiniblüten z.B., Fiori di zuccho, die wir später auch frittiert und mit Sardellenpaste gefüllt probiert haben: ein Gedicht. Gestreifte Auberginen, die man besser nicht zum Frittieren nimmt, im Gegensatz zu den großen lilafarbenen. Italienischer Spargel, der dünne grüne. Eiertomaten, die die besten für Tomatensauce sind. Ein Fest! Und dann auch der Hinweis auf die zu Hauf verkauften Gewürzmischungen, die in Rom keine Hausfrau in ihren Topf lässt.

Das Delikatessengeschäft „Ruggeri" an der Ecke vom Platz war das nächste Ziel. Ein altes, familiengeführtes Unternehmen von 1919. Hier probierten wir Mozzarella bufala, also Büffelmozzarella, der würziger ist, als der aus Kuhmilch. Der beste kommt aus der Campagna, der allerbeste vielleicht aus Paestum, wo ich mit der Familie vor Jahren schon einmal so eine Käserei besucht habe. Und hier schon gleich ein Hinweis, von dem ich nicht einmal gewusst, geschweige denn, ihn beachtet habe: der Mozzarella darf nicht im Kühlschrank aufbewahrt werden! Er steht hier in einer großen Glasschüssel auf der Theke, wird dann in kleine Beutelchen mit Lake abgefüllt und darf zu Hause auch nur in einer Schüssel mit zimmerwarmem Wasser gelagert werden. Er hält sich dann so zwei bis drei Tage. Sonst geht der Geschmack flöten. Macht also auch überhaupt keinen Sinn, Büffelmozzarella aus dem Kühlregal für teuer Geld zu kaufen.

An den Wänden hingen Schinken, Speck und Schweinebacken, weil in eine echte Amatriciana und Carbonara-Sauce kein Speck kommt, sondern Schweinebacke. Dann wanderten wir weiter zu „Roscioli", eine fantastische Bäckerei mit Tavola calda, also warmer Küche am Büffet. Lecker aussehende „Brutti e buoni", „Hässlich und Gut", Kekse mit Nüssen, Zucker und Eischnee. Maronenkuchen, Apfeltaschen, Birnenkuchen und herzhafte Parmigiana Melanzane, ein lasagneähnlicher Auflauf mit Auberginen, statt der Nudelblätter. Wenn man weiß wohin, stelle ich fest, können einem die Augen übergehen, vor lauter „lecker!" Als nächstes machen wir uns auf ins Ghetto, ins alte jüdische Viertel, wo wir, außer natürlich immer wieder kleine Geschichten drumherum, auch Suppli und die frittierten Zucchiniblüten serviert bekommen. Spätestens hier sind wir eigentlich schon platzesatt. Die berühmte Bäckerei an der Ecke, wo es diese besonderen Kuchen gibt und von „vier unhöflichen Schwestern" geleitet wird, nehmen wir nur in Augenschein.

In Trastevere setzen wir uns zu Nudeln mit Cacio e Pepe und Amatriciana und einem Glas Weißwein. Und zum krönenden Abschluss noch ein paar Dinge zum Eis, natürlich mit Geschmacksprobe im „Fior di latte". Die

Qualität einer Eisdiele kann man an folgendem abmachen: Kann man eine eigene Fertigung sehen? Sind nicht zu viele Sorten im Angebot? Sind jahreszeitlich angemessene Produkte im Verkauf? Entsprechen die Farben? Und schließlich: Sind die Alubehälter nicht bis oben hinaus gefüllt?

Ich habe noch nie so gutes Pistazieneis und Crema Catalana gegessen, wie dort.

Leider werde ich die nächsten Tage nichts mehr zu mir nehmen können.

Es regnet, Gott segnet...

Jaja. Auch hier in Rom regnet es schon mal reichlich.
Heute z.B. gestern noch am Sandstrand von Santa Marinella im Badeanzug, heute mit Fleecejacke und Ka-
putzenmantel über den Markt.

Leider wird es jetzt auch hier kalt. Wir sind dem November bald schon näher als dem September, wer kann
es dem Wetter denn da verdenken? Und leider sieht
dann hier auch alles ungemütlich grau in grau aus.
Nur dass die Pfützen noch tiefer und noch dreckiger
sind, als bei uns. Außerdem weiß man nicht, ob man
in der Pfütze nicht doch noch eine andere Abrisskante
antrifft, wenn man hineinpatscht. Da die Römer ja sehr
gerne Regenschirme verwenden, wird's auch auf den
Gehwegen problematisch, einer muss das tropfende
Ding höher halten, als der andere, das gibt manch ko-
ordinatives Problem.

Hier macht sich im Übrigen auch keiner etwas daraus,
in wilder Jagd durch eine Pfütze zu sausen, neben der
du stehst. Kürzlich ist mir das sogar mit einem Polizei-
wagen passiert. Wusch! Kleine Wasserfontäne mit
klitschnasser Folge.

Und wieder ein Sonntag

Zurzeit genieße ich es, dass ich Familienbesuch habe. Mein liebster Ehemann nebst jüngstem Sohn verbringen ihre Ferien bei mir und ich darf ihnen zeigen, was ich hier so alles entdeckt habe. Und ich kann Dinge tun, die ich mir extra aufgehoben habe.

Heute z.B. die Messe in aramäischer Sprache in...ja...wo denn? Zumindest nicht einfach zu finden diese Kirche. Auch Google-Maps bietet mir verschiedene Möglichkeiten an, zweimal anfragen, zwei verschiedene Ziele. Nunja. Irgendwann haben wir's rausgefunden, weil es laut meinem „Geheimes Rom"-Reiseführer in der Nähe vom Pantheon sein soll. Santa Maria in Campo Marzio. Eine oströmische Kirche mit syrischem Ritus. Nee, eine syrische Kirche mit oströmischem Ritus. Na, auf jeden Fall in aramäisch, also der Sprache, die Jesus gesprochen hat.

Wir kommen natürlich heillos zu spät, weil Roms Innenstadt nur aus Einbahnstraßen besteht, ich glaube, ich erwähnte das schon mal. Wir kreisten das Gebiet langsam ein, bis wir uns entschlossen, von der Vespa herunter zu steigen und zu Fuß zu gehen. Wie gesagt, wir kamen fast eine halbe Stunde zu spät. Aber es hat sich gelohnt. Definitiv.

In der alten Kirche saßen etwa 8 Leute, plus Priester und zwei Helfer. Der Priester sprach die Liturgie auf Italienisch und Aramäisch, der erste Predigthelfer auf Aramäisch incl. Gesang und ein Helfer, der auf Arabisch das Ganze wiederholte. Nehmen wir zumindest an.

Das ist schon ein anrührendes Erlebnis, einen Gottesdienst auf Aramäisch zu hören.

Zur Krönung wurden wir anschließend noch auf einen Kaffee in das oberste Stockwerk des angrenzenden Palazzo eingeladen, mit schnuckeligen Süßigkeiten als Untermalung. Die ganze Gemeinde, zugegebenermaßen sind das ja wohl nicht so viele, nahm daran teil und es fanden sich sofort auch einige, die Verbindungen nach Deutschland hatten. Das Ambiente war hochherrschaftlich: Rote Louis-Quatorze- Samtstühle, Wandmalereien, alles allerdings mit diesem Stil, der für die einen Vintage, für die anderen leichter Verfall ist.

Ich muss gestehen, dass ich mich trotz aller Fremdartigkeit mehr aufgenommen gefühlt habe, als in der protestantischen Gemeinde.

Die Freiheit des Rollens

Ja, mittlerweile habe auch ich es begriffen: Das Motorino verschafft Freiheit!

Gestern z.B. haben wir zu dritt verschiedene Ziele angesteuert. S. Quattro Coronati, Kapitol, AS Roma Shop, Pincio mit Villa Medici, Engelsburg und zum krönenden Abschluss das Augusto in Trastevere, das mein liebster Ehemann ebenfalls in Augenschein nehmen wollte.

Wahrscheinlich irritierten ihn hier die Hinweise, ich sei zum kleinen Masochisten mutiert. Tja, und das bedeutet nun mal, einen ziemlichen Zickzack durch die Stadt, oder die „Urbs", wie der Bildungsbürger so zu sagen pflegt.

S Quattro Coronati: Sollte man unbedingt ansehen, wenn man etwas für besondere Kirchen übrig hat. Ein Kloster, das nur zu relativ restriktiven Zeiten geöffnet hat, um die einzelnen Gebetsstunden nicht durcheinander zu bringen. Der Kreuzgang soll mit dem vom Lateran der schönste Roms sein, was ich durchaus nachvollziehen kann. Der Gebäudekomplex ist alt und nicht weitläufig. Ich bilde mir ein wenig ein, den Hauch des frühen Mittelalters zu spüren. Der Clou ist jedoch das Oratorio des Silvester, das von den meisten Touristen links, oder in diesem Falle, rechts liegen gelassen wird.

Um hineinzugelangen, muss man an der einzigen Klingel im Raum schellen und wird durch ein Holzgitter nach seinem Begehr gefragt.

Wir möchten ins Oratorio. Kein Problem, gegen eine milde Gabe.

Wir schieben einen Schein durch's Gitter und hören, wie hinter uns die Tür aufgedrückt wird.

Dann stehen wir in einer kleinen Kapelle mit, wie uns der Reiseführer erzählt, den besterhaltensten Fresken des römischen Mittelalters. Und sie sind wirklich fantastisch. Außer dem Zustand der Malereien ist auch ihr Inhalt bedeutsam, denn er soll in klaren Zeichnungen erklären, wie es zur sogenannten ,Konstantinischen Schenkung', also der Überlassung des Kirchenstaates durch Kaiser Konstantin kam. Wobei es sich um pure Papstpropaganda handelt, incl. des Stieres, der in einer Ecke vom Papst Silvester wieder zum Leben erweckt wurde, nachdem er von Juden getötet wurde. Solche Dinge machen Geschichte so schwer erfassbar. Was wir heute für die Dokumentation der Wahrheit halten, Geschichtsschreibung, sah man bis in die frühe Neuzeit – und oft darüber hinaus – noch lange nicht als notwendig an. Trotzdem: Die Fresken sind absolut sehenswert. Abgesehen allein von der Art und Weise, wie man an die Besichtigung kommt.

Das Kapitol bietet einen ausgezeichneten Blick auf Forum und Palatin, das Kolosseum winkt im Hintergrund und außerdem kann man über eine Treppe einen Blick hintenrum vom Monumento Vittorio Emanuele erhaschen.

Im Roma Shop hatte man leider vergessen, von der Jogging Hose die elektronische Sicherung abzumachen, also musste uns der Weg auch dorthin führen. Dann auf den Pincio. Wieder ein atemberaubender Blick auf Rom.

Und dann hinunterbrausen zum anderen Tiber-Ufer und sich zur Engelsburg durchschlagen, um dort eine Führung „Die geheime Engelsburg" mitzumachen. Ich hatte noch nicht mal die offizielle Engelsburg gesehen, aber der „Passetto", also der Geheimgang zum Vatikan, hatte mich schon immer neugierig gemacht. Leider waren wir für die englische Führung zu spät, also buchten wir, unter Protest des jüngeren Drittels der anwesenden Familie, die italienische Führung, die sich durchaus als Glücksgriff entpuppte. Ob für den armen Führer, weiß ich nicht, denn es stellte sich heraus, dass von den fünf Gruppenmitgliedern 4 kein Italienisch sprachen. Also schlug sich der arme Mann mit Englisch durch die Führung. Recht wacker muss man sagen und im Endeffekt auch sichtlich stolz auf sich.

Wir bekamen nicht nur den „Passetto" zu sehen, sondern auch viele andere, der Öffentlichkeit sonst nicht zugänglichen Räume, wie das Gefängnis von Cellini und das Bad des Papstes Clemens VII, eine hochmoderne Angelegenheit aus dem 16. Jahrhundert, die allerdings nur rund 40 Jahre als Up-to-date galt und dann in der Versenkung der Geschichte verschwand.

Den Abschluss bildete ein grandioser Rundumblick auf Rom in der untergehenden Sonne. So schön! Das sollte fast verboten werden, weil das Herz überzulaufen droht.

Leider war es nun zu spät, die angemietete Vespa wieder zurück zu geben. Und hier kommt etwas zum Zuge, dass ich vielleicht nur kann, wenn mir genug Zeit im Nacken sitzt: So what!

Dann eben morgen! Und heute Abend die Zeit nutzen, im „Augusto" in Trastevere, wo man sonst von mir aus eben schlecht hinkommt, noch einmal die Papiertischdecke aus dem Massagesalon genießen.

Heute, Mittwoch, sind traditionell Bohnen und Ravioli in Rom angesagt. Das Lamm meines liebsten Ehemannes kann man jeden Tag bestellen. Pizza allerdings gilt hier als Unwort. Dafür sind schließlich die Pizzerien zuständig. Und, tja, natürlich, die Touristenlokale. Kannst ja dahin gehen, lieber Sohn!

Aber Ravioli Cacio e Pepe, ein Gedicht, sag ich dir! Und auch die äußerst bodenständige Salsiccia (Wurst) mit Fagioli (Bohnen), ein Traum!

Dann brausen wir durch die Nacht und finden tatsächlich, nach einem kurzen Panorama-Blick vom Piazzale Garibaldi auf die lichterleuchtende Stadt hinunter den kürzesten Heimweg.

Ein Gespenst geht um in Italien!

Da ist es nun doch, das gefürchtete Wort aller Urlauber, obwohl sie selbst meist davon gar nichts wissen. „Sciopero", Streik!

Kenn' ich noch aus der Zeit, als mein liebster Ehemann noch mein liebster Freund war. Fidanzati, Verlobte, musste ich damals sagen und manchmal meinen Ring von der linken Hand auf die rechte als Verlobungsring anstecken, damit wir eine Unterkunft bekamen. Nun ja, damals standen wir öfters mal auf einem verwaisten Bahngleis und am Schalter, eben jenem „sportello", baumelte ein handgeschriebenes Schild: „Chiuso per sciopero!" Geschlossen wegen Streiks...

Und heute ist eben mal wieder so ein Tag, und blöderweise an so einem Tag muss mein liebster Ehemann mit unserem Jüngsten zum Flughafen. Und wie es so in Italien üblich ist, gibt es im Vorhinein keine klare Auskunft. Ja, vielleicht kommt der Streik, vielleicht auch nicht. Na, eher nicht, die letzten Male hat es auch nicht geklappt. Und dann sagt der Minister sowieso wieder alles ab.

Prima...diesmal hat er nichts abgesagt und als wir uns in die Eingeweide der Erde zur U-Bahn begeben wollen, werden wir wieder hinausgebeten. Es ist... ja was wohl? „Chiuso per sciopero!"

Ok. Vielleicht ein Bus? Wir eilen aus der Tiefe und da steht schon eine Menschentraube, erstaunlich gelassen übrigens, an der nächsten Bushaltestelle. Zwei Busse fahren leer vorbei. Da steht nichts von Streik dran, dafür aber das andere beliebte Wort: „Fuori servizio", außer Dienst.

Der dritte Bus ist auch noch die richtige Nummer, dafür aber proppenvoll. Jetzt ist konsequentes Drängeln angesagt, eine notwendige Begleiterscheinung des sciopero, aber natürlich nach römischer Art mit unbeteiligter Miene, nicht weniger konsequent. Ich bange um meine Gitarre, die ich noch in ihrer grünen Hülle zwischen dunklen Hosenbeinen verschwinden sehe. Hoffentlich fordert dieser sciopero keine Opfer! Dann bemüht sich die Tür, die Fahrgäste im Bus zu verstauen. Und los geht es, Richtung Piazza Venezia zum Flughafen-Shuttle.

Molto delicioso!

Eigentlich wollte ich nicht so furchtbar viel zum Essen sagen, aber man kommt in Italien da kaum drum herum. Einige Details habe ich ja schon preisgegeben, aber ich möchte zu einem bestimmten Lokal etwas sagen, was natürlich wiederum sehr gefährlich sein kann. Zumindest meiner Erfahrung nach. Ich habe häufiger von einem Lokal geschwärmt, und der nächste, der auf meinen Spuren wandelte, fand das Ganze dann mittelmäßig. Oder schlimmer.

Aber das „Sora Lella" auf der Tiberinsel verdient doch zumindest Beachtung, denke ich. Sora Lella war eine bekannte italienische Volksschauspielerin und Köchin. Nach ihrem Tod 1993 hat die Familie das Restaurant weitergeführt.

Ich wollte das gerne mal ausprobieren und so standen wir um 18.00 Uhr vor der Tür. Viel zu früh, wie sich herausstellte, denn es öffnete erst um 19.30 Uhr, wie man uns nebenan in der Eisdiele mitteilte. So kam ich in den Genuss eines Basilikum-Limonen-Eises. Ich bin Basilikum-Fan, aber das muss man nicht unbedingt haben. Es sieht lustig aus: ein Eis mit ganz vielen kleinen grünen Flecken.

Es sammelten sich ein paar Leute an der Tür, als es auf halb acht zuging und generell sollte man eine Reservierung haben. Hatten wir natürlich nicht.

Aber man ließ uns ein, wenn wir bis 21.00 Uhr fertig wären, da hätte man eine Reservierung für unseren Tisch.

Und dann schlemmten wir. Bei einem guten alkoholfreien Aperitiv, ein Aperol-Spritz-Ersatz, ließen wir uns die Vorspeisen, Suppli und Olive Ascolane schmecken. Dann folgte ein göttlicher Tintenfisch auf einem Spinat-Zwiebelbett mit Kartoffeln und Auberginen gefüllt. Mein liebster Ehemann tat sich an Tortellini mit Kalbfleisch und einer Nuss-Sauce gütlich, der Jüngste schwelgte in selbstgemachten Nudeln mit Tomatensauce. Den Hammer stellten die Nachspeisen dar. Eigentlich wollten wir uns ein Ricotta-Schokoladen-Parfait teilen, aber der nette Kellner riet uns, noch ein Stück Ricotta-Kuchen dazu zu nehmen. Und da fehlen mir jetzt einfach die Worte.

Vielleicht ein Hinweis. Unser Jüngster sagte: „Das ist der beste Käsekuchen, den ich jemals gegessen habe". Von dem Parfait lässt sich Ähnliches sagen.

In unseren Augen ein absolut empfehlenswertes Restaurant im Stile einer kleinen Trattoria zum nicht geringen, aber auch nicht überteuerten Preis. Zu dritt haben wir mit einem Liter Wasser, einem Softdrink und alkoholfreien Aperitiven, Vor-, Haupt- und Nachspeisen 95,00 Euro bezahlt. Also die richtige Adresse für ein besonderes Abendessen in Rom!

Auch noch zu erwähnen: Man hat uns nicht gedrängt, schnell zu machen, um die nächsten Gäste um Punkt neun Uhr bewirten zu können. Im Gegenteil. Wir wollten uns beeilen, und die Kellner meinten, wir sollen uns Zeit lassen. Außerdem sehr nett: Die Nachspeisenteller, die auch als Deko an der Wand hängen, und auf denen in der Mitte steht: „Sora Lella ha detto", Sora Lella hat gesagt, und dann, auf dem Tellerrand, ein Zitat der Schauspielerin, von denen ich die meisten nicht verstanden habe, weil sie wohl in römischem Dialekt verfasst sind.

Cinecitta, ein bröckelnder Traum

Etwas, das ich schon sehr lange in Rom machen wollte, es aber nie geschafft, war es, Cinecitta zu besuchen, Roms Hollywood.

Cinecitta ist das irgendwo stehengebliebene Italien der fünfziger, sechziger Jahre. Es existiert schon länger, seit 1937 glaub ich, und hat auch eine, wir mir scheint, unrühmliche Vergangenheit mit Benito Mussolini in Sachen Propaganda hinter sich, aber die starke Zeit war sicherlich nach dem Krieg. Frederico Fellini, Franco Zefirelli. Schauspieler wie Marcello Mastroiani, Vittorio Gassmann und Anna Magnani, International bekannte Stars wie Sophia Loren, Claudia Cardinale usw.

Hollywood kam auch hierher, weil man sehr günstig und unproblematisch drehen konnte. „Ben Hur" ist z.B. komplett hier, bzw. in angrenzenden italienischen Gebieten, gedreht worden. „La dolce vita" und „La Strada" als bekannte italienische Filme. Man kann solche Dinge wie Neros Gewand aus „Quo Vadis", getragen vom großartigen Peter Ustinov, bestaunen. Das Gewand ist übrigens lila, was mich irgendwie überraschte. Dann gibt es da noch ein Bistro, ganz in „Film" gestaltet, sehr nett. Am beeindruckensten aber sind die Kulissen.

Zurzeit kann man die Kulisse von „Rom", der amerikanischen Serie, begutachten. Ein römisches Forum, toll gemacht, wenn auch nicht komplett authentisch. Die Kurie sieht eher aus, wie das Pantheon, aber wen kümmert das schon von den Zuschauern.

Die Serie war weltweit sehr erfolgreich, nur nicht in Italien, wie uns die Führerin verrät. Wen wundert es?

Trotzdem ist die Kulisse aus Holz, Fiberglas und Farbe sehr beeindruckend. Sie haben jetzt auch noch einen Saal dazu gebaut, da kann man alles zusammen mieten und eine Römerfete feiern.

Es geht sogar tiefer in die Gassen der Armenviertel, alles als Kulisse und wenn man dahinter guckte, nur eine zwei Zentimeter dicke Fassade.

Weiter gehen wir und betreten den Tempel von Jerusalem, der für eine amerikanische Serie „The young Messiah" gebaut wurde. Auch wieder großartig! Zum Schluss noch die Kulisse von Assisi, die ist schon älter und zeigt, wie hier gearbeitet wird. Zuerst wurde eine italienische Franz-von-Assisi-Serie gedreht. Dann kamen die Amerikaner und wollten etwas Toskanisches draus machen, deshalb wurde in Teilen der grau-weiße Marmor der Toskana draufgeklebt. Und weil man dann für „The young Messiah" noch eine Dorfszene brauchte, brachte man Holzgitter und Türen im jüdischen Stil an einigen Fenstern an. Und über dem Ganzen ist noch ein Gestänge für eine Eisenbahn zu sehen. Es ist eben günstig, hier zu drehen.

Trotz allem ist es bemerkenswert, in Rom, Jerusalem oder Assisi-Toskana-Nazareth zu stehen.

Du wolle Rose kaufen?

Das ist echt nervig. Kaum kommt man in eine touristennahe Gegend, wird man auch schon angequatscht.

An Restaurants stehen Leute, und wollen einen fast an den Haaren da hinein zerren, Touristenmenü, nur zehn Euro, nein besser „Menue, ten Euro!" denn deutsch ist nicht die Sprache der Wahl.

Dann, um Vatikan, Forum und Bahnhof herum, stehen die, die einem eine tolle Tour anbieten wollen. Ich frage mich, wie die herauskriegen, in welcher Sprache sie einen anhauen müssen. Klar, ich sehe nicht aus, wie die geborene Italienerin, aber ich höre immer wieder „Deutsch, Deutsch!". Vor mir ging heute ein Pärchen, das ich gut und gerne als Engländer eingeordnet hätte. Von der Seite stieß eine junge Frau mit Faltblatt in der Hand auf sie herab und begann sie auf Russisch anzuquatschen, und Bingo! Sie antworteten.

Dann die Leute, die einem Kleingkeiten verkaufen wollen. Da kommt man im Regen schon mit Schirm angelaufen und warum in Gottes Namen wollen die einem noch einen weiteren verkaufen? Oder ein Regencape? Bei uns hier im Viertel gibt es auch viele, die mit einem kleinen Bauchladen durch die Gegend gehen, Taschentücher, Socken, Feuerzeuge kann man da kaufen. Ernähren sie so ihre Familien? Das ist schlimm und ich fühle mich gleich furchtbar schlecht, doch wem soll man trauen? Es gibt so viele Geschichten über Betrügereien. Z.B. auch die vielen Bettler. Frauen mit lethargischen Kindern auf dem Arm und einem Plastikbecher in der Hand laufen durch die Metro. Ich sehe selten jemand, der ihnen Geld gibt. Menschen, die eine schlimme Behinderung haben, stellen sie zur Schau und betteln um ein Mittagessen. Letzter Ausweg oder abgefeimte Masche? Neulich, als es am Forum fürchterlich geregnet hat, lag eine alte Frau mit Mantel und Kopftuch in absoluter Demutshaltung auf den Knien, klitschnass und vor sich einen Topf, in dem eine Insulinspritze steckte. Außerdem darin ein paar Münzen. Ich weiß, dass Italien herunter gewirtschaftet ist und Rom sich wahrscheinlich nur eine weibliche Bürgermeisterin leistet, weil es sonst keinen Ausweg aus der Misere mehr sah, aber können sich die Leute wirklich nicht mehr die medizinische Grundversorgung leisten? Als Ausländerin ist das kaum zu durchschauen. Vielleicht muss ich wirklich einfach versuchen, mir ein dickes Fell zuzulegen, aber das kann ich nicht, weil ich mir hinter den Menschen auch die Geschichten vorstelle. Die junge Frau, die eigentlich so aussieht, als könnte sie auch eine andere Anstellung bekommen, wer drängt sie zum Betteln? Was hat der Mann mit den schlimmen Verbrennungen durchgemacht, dass er sie jetzt so offen zur Schau stellt? Ich werde da sicherlich zu keinem Schluss kommen. Aber traurig ist es auf jeden Fall. Was auch immer die Wahrheit dahinter ist.

Zwischenbilanz

Fast zwei Monate bin ich nun schon hier. Was hat das mit mir gemacht und wie denke ich jetzt an mein „Leben danach"?

Die Euphorie des Anfangs ist ein wenig verflogen und hat einer zufriedenen Gelassenheit Platz gemacht. Wie das so ist, wenn man sich neue Gefilde vertraut gemacht hat, man ist nicht mehr der Eroberer, der man am Anfang war, sondern man beginnt, darin zu leben.

So entscheide ich oft erst morgens, ob ich raus will oder zu Hause bleibe. Einen kleinen Gang mach ich immer, ob zum „Pasucci" oder in den Supermarkt „Simply", aber den Rest verbringe ich beim Schreiben, Recherchieren oder Lesen. Ich habe schon wahnsinnig viel gelesen, für meine Verhältnisse. In den ersten vier Wochen zum Beispiel alle sieben Harry-Potter-Bände, Dinge, die man immer gerne tun wollte, doch nie die Zeit dazu fand.

Aber ich gehe mir immer noch gerne Dinge anschauen. Und wie prophezeit: ich werde längst nicht alles schaffen. Auch schon, weil einige Sehenswürdigkeiten geschlossen sind. Sei es wegen Restaurierung (Domus aurea) oder Metro-Neubau-Linie C (S. Maria in Navicella). Oder ich tauche schlichtweg am falschen Tag auf. Gestern wollte ich S. Giovanni e Paolo besichtigen, was mir auch teilweise gelungen ist. Teilweise, weil ich in die Kirche reinkonnte, die römischen Ausgrabungen aber just Dienstag und Mittwoch geschlossen sind. „Scusi, Signora!" Und da dachte ich, diese beiden Tage wären bombensichere Besuchstage! Naja.

Zurück zu meinen tiefschürfenden Überlegungen. Die Gewohnheit bringt es auch mit sich, dass mich der Dreck nicht mehr so stört, die Sicherheitsschlösser oder manche Touribehandlung. Auch bei uns ist nicht alles Gold was glänzt.

Freue ich mich jetzt auf zu Hause? Was sind meine Hoffnungen meine Befürchtungen für die Zeit danach?

Auf meine Familie freue ich mich extremst, genauso, wie auf mein Zuhause – kleine Einschränkung: wenn der Laden läuft und nicht immer ich die Tante sein muss, die alles zusammenhält. Gerade nach den Herbstferien, in denen mich mein liebster Ehemann und unser Jüngster besucht haben, fiel mir das Hierbleiben schwer. Ich bin da tatsächlich ein bisschen lethargisch geworden. Die schönsten Dinge vor der Haustür und ich kriege den Hintern nicht hoch!

Ich habe allerdings Sorge davor, in die übliche Tretmühle zurück zu geraten und die Chancen dafür stehen gut, denn im Umfeld hat sich ja nichts geändert, höchstens ich, was die Sache nicht unbedingt einfacher macht.

Ich erkenne, dass ich meinem beruflichen Leben gerne eine andere Wendung geben würde, mehr denn je. Denn diese Erkenntnis hatte ich auch schon vorher. Doch andererseits sind wir natürlich auch, wie Millionen andere, auf mein Einkommen angewiesen, der ewige Zwiespalt.

Und mich komplett aus dem Arbeitsleben, wie ich es bisher gelebt habe, zurückzuziehen, birgt auch die Gefahr, dass ich zum Einzelgänger werde. Ja, dazu neige ich erstaunlicherweise, auch wenn manch einer das von mir nicht glauben mag. Aber das ist sicherlich auch ein Punkt, weswegen ich mich hier noch nie einsam gefühlt habe. Abgesehen davon natürlich, dass ich weiß, dass meine Familie zu Hause auf mich wartet. So ein Einzelgänger kann ich dann doch nicht sein, dass ich ohne meine Familie leben könnte.

Ich habe heute übrigens seit langem von meinen Eltern geträumt. „Wir haben euch lange nicht mehr zum Essen eingeladen. Deshalb fahren wir heute Abend zum Restaurant Eutschen", (so einen blöden Namen kann man sich auch nur im Traum einfallen lassen!). Die Kinder wuseln um sie herum, aber sie sind noch klein. Bittersüße Melancholie.

In Rom regnet es. Aber bei 20 °C lassen sich die Depri-Phasen besser überwinden.

Il Parrucchiere

Was für ein schönes Wort, erinnert es doch entfernt an Perückenmacher, dabei ist es nur ein Friseur! Da war ich dann auch heute. Denn es regnet ja schließlich in Rom.

Zunächst wollte ich nur einen Termin, denn ich hatte nicht gehofft, sofort dran zu kommen, aber, oh Wunder, sie hatten in dem kleinen Eco-Salon um die Ecke sofort Zeit.

Im Vorhinein hatte ich mir schon überlegt, wie ich denn das auf Italienisch hinbekomme, hatte aber keine adäquate Übersetzung für „graue Schneise" oder „Zippelfrisur" gefunden, also verließ ich mich auf den Sachverstand der Kundigen im Geschäft.

Praktischerweise standen ein paar nötige Vokabeln draußen auf einem Schuld: „Tinto" (Farbe) und „Taglia" (Schnitt), aber wahrscheinlich hätte ich mich auch taubstumm verständigen können. Der Dame am Eingang zeige ich meinen Scheitel und sofort führt sie mich, wahrscheinlich schockiert von dem, was sie sah, auf den nächsten Friseurstuhl. Eine junge Dame kommt auf mich zu und verschwindet gleich darauf im Keller. Hat meine Erscheinung sie so verstört? Beklommen frage ich die Chefin, ob sie denn herausfinden könnten, was ich für Farbe brauchte, doch sie sagt gleich, dass das kein Problem wäre. Na dann! Ich lasse mich entspannt zurücksinken und harre der Dinge, die da kommen sollen.

Wie jeder weiß, ist das Thema „Friseur" ja ein sensibles. Gott-sei-Dank bin ich mit einem Lockenkopf gesegnet und außerdem sind es noch vier Wochen, bis ich in

Deutschland wieder in Erscheinung trete, was kann da schon passieren?

Tatsächlich nichts. Die Färbung ist gut, der Schnitt noch besser. Witzig fand ich, dass sie erst den Pony geföhnt haben und dann erst geschnitten. Sehr cool, da meine Haare sich durch die Locken noch etwas zusammenziehen und ich sah nach einem Ponyschnitt schonmal aus wie Prinz Eisenherz. Nein, keine Panik, das war nicht in Seelscheid, alles gut!

Zwischendurch hatte ich noch Zeit – nur Friseure wissen, was Friseure verbindet – das hiesige Klatschblatt durchzublättern. „Gente", Leute, so ähnlich wie „Frau im Spiegel", Klatsch und Tratsch, aber nicht ganz untere Kiste. Da erfuhr ich dann, warum Simona und Stefano Bettarini durch seine Enthüllung Probleme haben. So? Die hatten doch schon vorher Probleme, denn sie sind schon lange geschieden, so wie ich lese. Und von wem ist hier überhaupt die Rede? Ach klar, hätte ich mir ja denken können, Fußballspieler.

Außerdem erfahre ich, dass Ex-Papst Benedikt seine Memoiren veröffentlicht hat. Sieht seltsam aus in einer italienischen Klatschzeitschrift einen deutschen Buchtitel zu sehen. Alles sehr spannend!

Zufrieden gehe ich, der Preis entspricht übrigens dem Preis, den ich auch zu Hause zahle, von dannen. Habe mich fortgebildet und eine Frisurkorrektur bekommen, was will ich mehr?

PS: Ich denke, der Laden war so leer, weil es ein Öko-Friseur war. Italien geht es wirtschaftlich mies. Und wer leidet als erstes unter sowas? Die, die es umwelttechnisch richtig machen wollen. Auch überall das Gleiche...

Terremoto – Erdbeben

Gestern Abend um 19.11 Uhr wackelte hier die Erde.

Auch wenn ich schon ein paar Beben am Rande miterlebt habe – als kleines Kind wohnte ich mit meinen Eltern in Heilbronn, also in der Nähe des sog. Hohenzollerngrabens – ist es ein sehr unheimliches Erlebnis.

Und trotzdem es hier in Rom zu spüren war, war das Epizentrum immer noch 130 km entfernt. Die Scheiben klapperten und ich schwankte auf meinem Bürostuhl hin und her. Mein erster Gedanke war, es wäre etwas in der Nähe eingestürzt, der zweite: ein Erdbeben! Klar denkt man gleich an Amatrice Mitte August und was wohl passiert sein mochte. Bei diesem Beben. Ich bin nur Außenstehender, aber wie mag es denen ergehen, die Verwandte in den erdbebengebeutelten Regionen haben, ganz zu schweigen von den Leuten selbst? Gestern hat es in Mittelitalien den ganzen Tag geregnet, aber auch ich verspürte den Drang, mich ins Freie zu begeben. Eigentlich Quatsch, da fällt einem wahrscheinlich eher ein Ziegelstein auf den Kopf, als wenn man im Gebäude bleibt, aber wie gesagt, hier war ja auch nicht das Epizentrum.

Außerdem wohne ich in einem Neubau. Obwohl, in Amatrice sind ja auch nicht nur die alten Gebäude kollabiert...

Weiß eigentlich jemand, dass Spaghetti all'amatriciana nach Amatrice benannt sind? Die mit Speck aus Schweinebacke, Pecorino, Peperoncini und Tomaten? Ich wusste es bis vor zwei Wochen nicht. Und – natürlich völliger Blödsinn – das bringt mir die Stadt näher, als manche Fernsehbilder. Der Mensch ist ein seltsames Geschöpf.

Ich wartete gestern also auf die Nachrichten, die mir sagen würde, ob Schlimmes geschehen sei, wo auch immer das Zentrum des Bebens lag, da gab es nach zwei Stunden ein zweites, stärkeres Beben.

Und da wurde mir doch ziemlich mulmig. Es gibt nichts, was man tun könnte. Wie bei einem Flugzeugabsturz. Man muss es passieren lassen. Und ich dachte mir: Was kommt jetzt noch? Ist das der Anfang von noch stärkeren Beben?

Heute Morgen bin ich aufgewacht und nur der Staubsauger der Mieter über mir ließ das Haus erbeben. Glück gehabt!

Freundinbesuch

Am Wochenende bis zum Feiertag, den 1. November, hatte ich Freundinbesuch aus der Heimat.

Ein Anlass war sicherlich Rom, der zweite aber, mal wieder Zeit füreinander zu haben. Das sollte einen doch wahrhaft stutzig machen: da muss man erst ins Ausland, wo, unter uns gesagt, die Erde immer noch bebt und wackelt, damit man sich mal wieder in Ruhe austauschen kann.

Die Tage waren wunderschön, das Wetter spielte mit, und das Erdbeben am Sonntagmorgen war so stark, dass die Metro ausfiel. Der fiese Vorteil für uns war, dass das Ausleihen einer Vespa damit natürlich volle Rechtfertigung fand. Also bitte: vor zwei Monaten konnte ich mit dem Ding noch nicht mal fahren, jetzt sind wir sogar zu zweit durch Rom gebraust. Ich als Gregory Peck, und Kerstin gab die Audrey Hepburn. Man erlebt die Stadt einfach nochmal ganz anders, wenn Kolosseum, Lateran und Circus Maximus an einem wie bei einem Road Movie vorbeiziehen.

Zunächst mussten wir uns aber am Sonntagmorgen in den Schienenersatzverkehr quetschen, um zur evangelischen Kirche zu kommen. Zehn Minuten zu spät, was uns sehr gute Plätze in der zweiten Reihe einbrachte. Die Kirche war proppenvoll und der Pfarrer holte uns während eines Kirchenchorstückes nach vorne. Peinlich aber zufriedenstellend, denn dieser Sonntag stellte den Beginn des Lutherjahres dar und derjenige, der die Predigt hielt, war der Katholik Kardinal Marx.

Also: Was gibt es Besseres, als in Rom, wo Martin Luther ja bzgl. der Ablasspraktiken endgültig über die damalige katholische Kirche die Augen aufgingen, einen katholischen Oberen über die Reformation sprechen zu hören? Über Inhalt will ich jetzt hier nicht philosophieren, denn natürlich gab die Predigt durchaus Grund zur Diskussion. Aber es war ein besonderer Kirchgang.

Kerstin hatte sich die Via Appia „gewünscht". Auch hier waren wir mit der Vespa im Vorteil, denn es ist ein ganz schönes Stück bis zu deren Anfang zu laufen, und eigentlich muss man ja AUF der Via Appia Antica laufen, nicht dorthin. Das Wetter war begnadet schön und gefühlte hunderttausend Leute hatten den gleichen Gedanken wie wir.

Offensichtlich ist Allerheiligen in Italien auch ein Feiertag und der Montag wurde als Brückentag genutzt. Dann wollte ich mal was Neues sehen und wir sind ins Testacchio gefahren, eines der neuen Szene-Viertel von Rom. Rom bemüht sich seit einigen Jahren erfolgreich, nicht nur bei „Kirchen, Gräber, Trümmern" stecken zu bleiben, sondern sich auch in andere Richtungen zu öffnen. Ein Beispiel ist das Maxxi, ein Museum für moderne Kunst, dessen Gebäude von der Star-Architektin Zaha Hadid alleine schon den Besuch lohnt. Im Testacchio nun gibt es den Mattatoio, den alten Schlachthof, zu besichtigen. Eine Industriehalle, die wunderbar wieder aufbereitet wurde, um zwischen weißen Wänden und schwarzen Eisensäulen wechselnde Kunstausstellungen zu beherbergen. Die Ausstellung selbst war nicht so unseres, die Halle dafür schon.

Der unumstrittene Vorteil einer Vespa ist es, dass man kreuz und quer durch die Stadt fahren kann, je nachdem, wie es einem beliebt. Der Nachteil: Man darf keinen Alkohol trinken. Aber das kann man gerade so überleben.

Die Tage werden trüber

Tja, das lässt sich leider nicht leugnen: auch in Rom wird es Herbst. Es riecht überall danach, nach dem Laub, das von den Platanen am Tiberufer fällt, oder in den Straßen und Parks. Heute hat es auch häufig geregnet. Das Ganze dann aber bei komfortablen 20 °C. Wenigstens etwas.

So wie ich es mir für einen trüben Tag vorgenommen habe, besuche ich heute den Palazzo Corsini, die letzte Kunstsammlung, die ich mir neben der Villa Borghese anschauen wollte. Ich steige in den 46er, der zufällig mit mir gleichzeitig an der Bushaltestelle eintrudelt. Leider spuckt mich der Fiese aber nicht da aus, wo er sonst hält, weil durch das Erdbeben die übliche Brücke für den Busverkehr gesperrt wurde, sondern schon auf dem Corso Vittorio Emanuele. Ich versuche, das Ganze als Fingerzeig des Schicksals zu nehmen und gehe in die erstbeste Kirche, denn es ist ja Sonntag. Ich sitze dann alsbald in der „Giovanni Battista die Fiorentini". Das ist die Kirche, deren Kuppel man bei Engelsburg oder Vatikanfotos schon mal auf der anderen Tiberseite sieht und sich fragt „Was ist das denn für eine"?

Da sitze ich dann jetzt drin und lasse mich vom Raumklang der italienischen Messe einlullen. Ich habe mich hinter die Organistin gesetzt, in eine Seitenkapelle, damit man mich nicht sieht, weil ich ja nicht weiß, wann ich aufstehen oder mich setzen soll. Das Glaubensbekenntnis und Vaterunser bekomme ich schon mit, aber so eine Messe hat ja noch diverse andere Teile. Und außerdem bin ich zu spät. Mal wieder.

Dafür habe ich genügend Muße, mir eine Madonna mit Kind im Seitenschiff anzuschauen. Die war vorher an einer Hauswand. Wie sie die Karriereleiter hoch in die Kirche gekommen ist, weiß ich nicht.

Die Organistin spielt sehr gut. Ich bin beeindruckt. Als sie allerdings beim Singen inbrünstig, zittrig und falsch mitsingt, kommen mir die ersten Zweifel. Als sie zur Kommunion vor den Hauptaltar tritt und die Orgel unermüdlich weiterspielt, ist klar, dass sie nur Knöpfe zu drücken braucht. Die ganze Orgel wird elektronisch gespielt. Wusste gar nicht, dass man so eine ganze Kirchenorgel bespielen kann.

Die zweite Überraschung in dieser Kirche der Florentiner sehe ich nach dem Gottesdienst, als ich die Kirche, in der Borromini und Maderno begraben liegen, abschlendere.

Im linken Seitenschiff ist eine Reliquie zu sehen: Der Fuß von Maria Magdalena! Ach je, jetzt muss die arme humpeln! Aber wie ich die Reliquienverehrung und deren Auswüchse inzwischen kenne, gibt es bestimmt noch ein paar Ersatzfüße.

Und nochmal lecker Essen...

Vor einigen Jahren war in der Zeitschrift Stern eine Doppelseite über geheime Schätze in Rom veröffentlicht worden. Geschickterweise hatte ich die Seiten als echter Rom-Fan herausgerissen, und im Stadtführer verstaut, den ich noch in letzter Minute eingepackt hatte. Daher hatte ich auch den Tipp vom Palazzo Valentini und den Römervillen.

Eine andere Sache daraus wollte ich unbedingt noch machen, der unter Nummer 2 zu finden war: Pasta de luxe.

Nachdem ich dann heute zur Santa Maria in Aracoeli heraufgekeucht war, eine Spitzenkirche im wahrsten Sinne des Wortes, was man irgendwann merkt, wenn wieder Luft die Lungen flutet, schlug ich mich durch den leider in Bindfäden herabfließenden Regen zum Palazzo delle Esposizioni. Leider ist Gegenwartskunst nicht unbedingt mein Steckenpferd, und so marschierte ich gleich zum Seiteneingang über eine Treppe an der Via Milano.

Dann geht es in einen Fahrstuhl bis quasi aufs Dach des Ausstellungspalastes, der mit einer Glaskuppel versehen wurde, unter der sich jetzt das Restaurant „Open Colonna" befindet. Vom Starkoch Antonello Colonna. Jawohl! Und ich gehe jetzt hier Essen, in dem vom Michelin empfohlenen Restaurant.

Nein, ich bin jetzt nicht total übergeschnappt, sondern habe in besagtem Sternartikel gelesen, dass das Mittags-Lunch-Buffet für 16 Euro zu haben ist. Und ich bin total erstaunt, dass das stimmt!

Erstmal ist dieser Platz auch bei strömendem Regen extrem reizvoll, weil über den Dächern von Rom gelegen und luftig hell durch die Konstruktion. Ausblick gibt es keinen großartigen, nicht dass das jetzt jemand denken könnte, aber man hat das Gefühl, über allem zu schweben.

Und dann das Buffett: Leichte, na, ich sag mal, „Italienne Cuisine". Wahrscheinlich hat das Ding einen anderen Namen, aber der fällt mir dazu spontan ein. Salat aus rotem Reis mit Erbsen, oder weißem Reis mit Blumenkohl, Hirse und Bulgursalate, typische „Verdure grillate", also die gegrillten Gemüse, die wir auch zu Hause vom Antipasti-Teller kennen. Knusperfischscheiben und das berühmte römische Porcinello, gegrillter Schweinebraten. Nudeln mit Safran und Sellerie und so weiter und so fort.

Man muss mögen, dass die Römer ihre Pasta und das Gemüse al dente lieben und auch nicht alles spricht mich an. Die Knusperfische waren ziemlich trocken. Aber ich habe festgestellt, dass das was mir nicht schmeckt, jemand anderen zu Begeisterungsstürmen hinreißt. So ist das eben mit dem Geschmack, jeder hat einen eigenen.

Alles in allem eine wirklich tolle Sache, von der freundlichen Bedienung, über das Wasser (H2Open Colonna) bis zum Essen. Mit dem Wasser und einem Cappuccino habe ich 24 Euro bezahlt. Da kann mein Stück Kuchen und das Wasser im Antico Cafe Greco für 17 Euro nicht wirklich mithalten.

Und ich freue mich, für mich wieder etwas Neues entdeckt zu haben.

Und ewig lockt der Kommerz

Weihnachten steht vor der Tür. Naja, wenigstens fast. Wenn ich im Dezember zurück im heimischen Seelscheid bin, wird da nicht mehr allzu viel Zeit bleiben, wenn ich auch noch ein wenig heimelige Adventsidylle genießen will.

Außerdem ist das Wetter immer noch mäßig.

Also mache ich mich auf, ins Euroma2, eine moderne Shopping-Mall, wie es sie in allen Großstädten der Welt gibt. Da ist es halt schön warm und trocken drin.

Der Weg ist für einen, der auf öffentliche Verkehrsmittel angewiesen ist, zugegebenermaßen recht weit. Die Vespa fahre ich im Regen und bei den Sturmböen draußen nicht. Aber irgendwann bin ich da.

Und schwelge in einem Einkaufsparadies, als wäre ich in den Kölner Colonaden. Oder so ähnlich.

Obwohl.

Man merkt hier extrem, dass es den Römern auf gute Kleidung ankommt. Es gibt überwiegend Bekleidungsgeschäfte. Oder Nichtbekleidungsgeschäfte, wie die Dessous-Shops Intimissimi und Yamady. Kein einziges Geschäft steht leer und ich habe den Verdacht, dass es auch die Römer lieben, bei dem Schmuddelwetter nichts davon sehen zu müssen. Die Preise sind adäquat. Es gibt H&M hier, wie auch Hollister. Kein Gucci, Armani und Co, dafür muss es irgendwo eine andere Mall geben. Aber ich wollte ja erstmal klein anfangen.

Ich trudele von Geschäft zu Geschäft, habe in einer „Er-
boristeria", also einem Laden für Kräuter und Aromen,
ein nettes Gespräch und erstehe erstmal: nichts.

Na super.

Aber irgendwann schlage ich los und dann kennt meine
Kreditkarte kein Erbarmen mehr. Küchen- und Kaffee-
geschäft, Jeans-Shops, nichts ist vor mir sicher und
am Ende eines langen Tages stehe ich immerhin schon
mit Geschenken für zwei Zehntel der zu beschenken-
den Leute da.

Immerhin.

Ich bin ja noch drei Wochen hier.

Die Symbiose von Klassik und Technik

Ich habe mir eine Liste gemacht. Zwischendurch kam ich ein wenig ins Trudeln und habe jetzt alles aufgeschrieben, was ich in der Zeit, die ich noch hier bin, machen wollte. Das ist auch gut so, denn es gibt so vieles, was ich unbedingt sehen will. Und eines davon ist das neue Museo Montemartini.

Es ist fantastisch. Ich weiß nicht, warum mich das so anspricht, aber da stehen Riesengeneratoren und schwarze Eisenungetüme und die ganze Halle riecht nach, keine Ahnung, Maschinenöl. Und daneben stehen beeindruckend arrangiert, marmorweiße römische Statuen. Oder Marmorköpfe. Oder Särge. Ich bin kein Kunstkritiker. Ich schaue mir nur gerne Kunst an. Ich weiß nicht, woran das liegt, dass diese Kombination so anrührend ist. Wegen der Farben? Dem Kontrast zwischen technischem Aufbau und fragiler Kunst? Altertumsymbolik gegen Neuzeitattribute? Ich kann es nicht sagen und eigentlich ist es ja auch völlig egal. Es muss einfach auf einen wirken können.

Nur als ich in den zweiten großen Saal gehe, muss ich doch ein wenig schmunzeln. Wer hat sich das denn ausgedacht? Am Hochofen stehen Urnen. Wie geschmackvoll.

Shoppen, aber nicht soooo....

Es ist immer wieder eine Offenbarung, in fremden Ländern einkaufen zu gehen. Ich meine jetzt nicht das kleine schwarze, Geschmeide, High Heels, ich meine Einkaufen wie das täglich Brot.

Und eigentlich gehört das zum Must-Do, wie auch die großen Sehenswürdigkeiten. Und es ist erstaunlich, wie sich die Einkaufsriten, wenn man mal ein bisschen unter die Oberfläche dringt, voneinander unterscheiden.

Ganz klar in Italien: Hier kocht der Chef, sprich la Mamma. In den meisten Fällen.

Man hält nichts von Fertiggerichten und kauft höchstens die Vorspeisen, die Antipasti vorbereitet ein. Das ist für so eine Touristin blöd, weil ich mir ja nicht immer das schicke Menü kochen will. Um ehrlich zu sein: ich habe dreimal gekocht. Dreimal Nudeln mit einer Fertigsoße aus dem Kühlregal. Unfassbar. Zu Hause koche ich eigentlich jeden Tag.

Toll sind diese italienischen Delikatessengeschäfte, die es in jeder großen Einkaufsstraße gibt. Hier um die Ecke heißt es Lara Centro Alimentari. Es gibt meist verschiedene Theken: Wurst und Frischfleisch, Käse und Antipasti und Teig-und Backwaren. Phantastisch, wie es schon duftet, in diesen Läden. Die Mortadella in gefühlten hundert Varianten hauchdünn heruntergeschnitten, wunderbare gegrillte Auberginen in Öl eingelegt, Tintenfischsalat, das Öl davon begeistert allein als Aufstrich auf dem Brot (hat mein liebster Ehemann getestet). Dann die vielen Olivenvarianten, ganz zu Schweigen vom Hit der hiesigen Geschäfte: Mozzarella di Bufala, saftig wie eine reife Tomate, nur halt in weiß. Auch hier, wie in vielen italienischen Einrichtungen, heißt es: Nümmerken ziehen! An jeder Theke extra. Und wenn man dann dran ist, keine Hektik, meine Damen, meine Herren, da schwelgt der italienische Käufer schon mal gerne in Gedanken, wie „das könnten wir auch mal wieder nehmen, ach nein, heute nicht. Vielleicht heute ein Stückchen von dieser Salsiccia? Ja, der Großvater kommt heute auch. Oh, dann sollte ich noch etwas von den getrockneten Tomaten mitnehmen und die Lachscreme." Da kann das dauern, bis man, trotz der nur noch drei Nummern Abstand, zehn Minuten warten muss. Das übrigens auch eine Quintessenz: Rom ist wie alle Großstädte laut, betriebsam und dadurch hektisch. Trotzdem wird an der Supermarktkasse das Kleingeld langsam herausgezählt und in Reih und Glied angestanden, ohne zu murren. So wie auch hier. Wie machen die das? Ich würde manches Mal in die Luft gehen. Leider.

Jesus, Maria und Josef – und Petrus!

Da ich das Wochenende Besuch aus der Heimat habe, vielleicht, um mich langsam wieder auf zu Hause einzustimmen, erfülle ich einen Wunsch, nämlich den Petersdom.

Claudia und ich erheben uns früh, in meinem Falle viel zu früh, und sind um 9.00 Uhr MEZ auf dem Petersplatz.

Aber was ist das?

Klar, ich habe es schon voller erlebt, aber von Ruhe vor dem Sturm keine Rede, es wimmelt, quasselt und singt, dass es keine Freude ist.

Wir sind relativ schnell durch die Sicherheitskontrolle, das ja. Insgesamt sicherlich kein Vergleich mit den Schlangen, die ich hier schon sich um die Kolonnaden winden gesehen habe, aber es ist eher eine Qual, als eine Freude.

Dass die Pieta von Michelangelo seit dem Anschlag von 1972 hinter Glas steht, lässt sich nicht ändern und ist auch verständlich. Ansonsten gibt es ständig Barrieren, durch die man nicht durch darf, Vorhänge, die sich vor einem schließen und haufenweise Menschen. Von Spiritualität keine Rede. Oh es ist schrecklich!

Der Petersdom ist eigentlich phantastisch in seiner Wirkung. Die größte Kirche der katholischen Christenheit, aber die Proportionen so gekonnt ausgeführt, dass es zwar mächtig, aber nicht erschlagend wirkt.

Die eckigen Pfeiler der Kuppel haben einen Durchmesser von 24 Metern! Muss man sich mal gepflegt reinziehen. Das Ding, das man unter der Kuppel stehen sieht, der Baldachin von Bernini über dem Papstaltar, entspricht der Höhe eines siebenstöckigen Hochhauses. Ist schon toll. Dann aber geht es nicht weiter. Der geneigte Kulturinteressierte hätte gerne den „Cathedra di Petri" dahinter gesehen, überhaupt noch einige der Papstgrabmäler, die es in den Beschreibungen des Petersdoms gibt, aber nichts! Man kommt einfach nicht ran. Wir fühlen uns wie Schafe auf einer Farm.

Sehr schade.

Campo Santo Teutonico

Ausgelaugt machen wir uns nach dem Petersdom-Erlebnis an eine kleine Besichtigung, die ich aber immer sehr schätze, den „Campo Santo Teutonico", den deutschen Friedhof.

Er liegt auf dem Gelände des Vatikans. Hier wurden seit hunderten von Jahren schon katholische Deutsche und Niederländer beigesetzt.

Erst einmal wieder durch die Sicherheitskontrolle. Dann, je nachdem, die Schweizergarde auf Deutsch nach dem Friedhof fragen. Manchmal musste ich auch schon meinen Ausweis vorzeigen. Dann sind wir tatsächlich drin im Vatikan und gehen auf eine Tür in einer Mauer zu. Dahinter liegt eine Oase. Die Fläche ist nicht sehr groß, möglicherweise zehn mal zehn Meter, aber hier liegt der spirituelle Ort, den wir im Petersdom vermissen mussten. Die Toten kennen wir meistens nicht. Nur Ludwig Anton Koch, der österreichische Landschaftsmaler, und Pascalina Lehnert, die Haushälterin von Pius XII.

Aber es ist einfach wunderschön hier. Und wieder wird klar, dass nicht die Größe oder die kunsthistorische Wichtigkeit des Umfeldes für ein Gebet ausschlaggebend sind, wenn der Rest nicht stimmt.

Und in der angrenzenden Kirche, eine seltsame Mischung aus altem und neuem, kann man sich noch in aller Stille weiterhin seinen Gedanken hingeben. Im Sitzen, um kurz die Füße ausruhen zu lassen.

Katakomben und andere Plagen

Eigentlich kann man das so nicht sagen.

Katakomben sind, wenn man „Quo vadis", „Das Gewand' und Ähnliches gesehen hat, ein Muss. Frühchristliche Geschichte, da gehören Katakomben einfach dazu.

Ich habe mir in Rom im Laufe der letzten Jahre auch mehrere angesehen und komme zu dem Schluss, dass mir die Priscilla Katakombe am besten gefällt. Die Sebastian- und die Calixtus- Katakomben sind mir zu überfüllt, andere dürfen inzwischen wegen Einsturzgefahr schon gar nicht mehr besichtigt werden und so weiter.

Der Nachteil der Priscilla ist, dass sie recht weit außerhalb liegt und zwar in einer Richtung, in die man als Tourist seltener fährt, im Nordosten.

Trotzdem lohnt sie sich. Sie ist überschaubar, man entwickelt fast ein persönliches Verhältnis, außerdem ist der Warteplatz ein kleiner, schöner Innenhof, es gibt die erste Abbildung einer Muttergottes überhaupt, Christus als guter Hirte, die drei Jünglinge im Feuerofen und, das toppt jetzt alles, ein sauberes Klo.

Also nichts wie hin.

Die Katakombe war auch diesmal wieder klasse, der Führer auch. Nur die Gruppe leider nicht.

Ich will ja jetzt nicht das Klischee der dämlichen Amerikaner auspacken, entsprechende Deutsche gibt es auch zu Hauf, aber hier war es jetzt leider so.

Erst pöbelten sie rum, warum die Führung nicht anfängt. Dann stellten sie ständig minderbemittelte Fragen, unterhielten sich derweil untereinander, um dann Fragen zu stellen, die der Führer in seinen Ausführungen kurz vorher schon erläutert hatte.

Unser Führer war ein junger Mann, dessen Englisch gut war, allerdings einen starken Akzent aufwies. Für Amerikaner sicherlich einfacher als für uns Deutsche. Er war sehr freundlich und hatte auch Ahnung von dem, was er da erzählte. Aber am Schluss murmelte er: „I hate those people."

Inzwischen hatten wir schon mitbekommen, dass auch ein paar Schotten dabei waren, weil die sich mit einem Amerikaner über Herkunftsorte und Flugpreise unterhielten. Außerdem blieb ein Teil irgendwo in den Katakomben stehen und unser Führer musste sich ständig auf die Suche nach denen begeben. Warum gehen solche Leute hier mit?

Mann, eh...

Auch eine Erfahrung

Heute will ich eine ausgedehnte Vespa Tour machen. Das Wetter ist, obwohl eher Ende, denn Anfang November, phantastisch, also nichts wie los. Alles Kleinigkeiten, weswegen man die Ziele vielleicht nicht einzeln ansteuert, die aber als Tour definitiv lohnenswert sind.

Ich fahre zunächst auf den Quirinal, um dort zwei Kirchen zu begutachten. An der einen bin ich nun zum vierten Mal. Das kann einem schon einmal blühen in Rom. Die Öffnungszeiten der Kirche sind nicht immer korrekt im Internet verzeichnet oder es gibt einen unerwarteten Gottesdienst oder die Kirche ist trotzdem einfach zu. Pech gehabt.

Diesmal ist sie allerdings offen. San Carlo alle Quattro Fontane, von den Römern liebevoll San Carlino genannt. Die erste Kirche des genialen Baumeisters Borromini. Er hat sie, sein Erstlingswerk, ohne Honorar erbaut, um seine Fähigkeiten unter Beweis zu stellen. Sie stellt ein Meisterwerk der Optik dar. Das Gelände hier oben war wohl sehr dünn gesteckt und die Kirche ist eigentlich sehr klein. Da die Kapitelle der Säulen aber oben in die Wand hineingebaut wurden, wirkt sie größer. Nebenan gibt es noch einen Kreuzgang in ähnlicher Bauweise. Kein Wunder, dass man nach diesem Bauwerk erkannt hat, was in dem Knaben steckt.

Auf dem Rückweg nehme ich noch San Andrea del Quirinale mit und möchte dann auf meine Vespa steigen. Da passiert, was ich immer schon befürchtet habe. Ich hatte mich einfach irgendwo hin gestellt, da ich kein Motorino Parkschild gesehen hatte. Neben mir parken allerdings ein paar Autos. Aber das schlechte Gewissen meldet sich im Übermaß, als zwei Polizisten neben mir auftauchen. Ob das meine Vespa wäre? Jaja. Ob ich Englisch sprechen würde? Ja, klar! Er leider nicht, also bringt uns diese Frage nicht wirklich weiter. Ich stottere etwas von „Parcheggio", Parkplatz, und es täte mir leid. Die Herren machen eine i-Pad Aufnahme von meinem Ausweis und dem Führerschein. Oh je, die Motorino-Papiere habe ich natürlich zu Hause vergessen. Dann grüßen sie mich freundlich militärisch und erklären mir, dass alles in Ordnung sei. Ich parke hier ja eben nur auf dem Quirinal, dem Dienstsitz des Präsidenten, und da müsse man halt die Leute mal routinemäßig kontrollieren, die hier parken.

Sonntagmorgen hat wohl auch Nachteile. Hier treiben sich anscheinend gerade nicht so viele Leute zum Kontrollieren herum.

Auch eine Reise wert – der Aventin

Rom ist ja bekanntlich die Stadt auf den sieben Hügeln. Natürlich sind es eine Reihe mehr, aber die klassischen sind eben diese sieben. Und der Aventin gehört dazu.

Er liegt ein bisschen ab von den anderen und ist, jetzt gerade im Herbst, eine wunderschöne Sache. Ich könnte mir vorstellen, dass er auch im Hochsommer eine tolle Verschnaufpause von den Touristen-Hotspots der Stadt bietet. Es ist offenbar eine sehr feine Wohngegend hier oben. Am Straßenrand lauter gepflegte zwei- oder dreistöckige Gebäude mit gesicherten Toren und kleinen Gärten. Und oben auf dem Hügel thront Malta. Naja, der Malteserorden eben. Es handelt sich um die einzige private Vereinigung, die einen Botschaftsstatus hat, das heißt hier oben ist die Villa Malta extraterritoriales Gebiet. Man kann leider nicht hinein, aber vor der großen Tür stehen mindestens hundert Leute in einer langen Schlange. Auf was warten die denn? Oh seltsames touristisches Gebaren, die wollen durch das Schlüsselloch dieser Tür gucken. Naja, was soll ich sagen, auch ich bin deswegen hier oben. Denn der Blick durch dieses Schlüsselloch ist wirklich phänomenal. Da sieht man wie durch einen altmodischen Guckkasten die Kuppel des Petersdomes. Nichts anderes. Nur die Kuppel. Erstaunlich.

Und weil ich schon hier oben bin, gehe ich gleich noch in die Kirche San Alessio, die quasi nebenan steht. Da darf man rein. Und da kann man eine Treppe bewundern, die schön in Marmor und Glas gefasst ist und unter der eine Statue in bewegter Gestik liegt. Der heilige Alexius hat wohl seinerzeit sein Leben unerkannt unter dieser Treppe in seinem Elternhaus gefristet.

Die Busauffahrt am Vatikan an der Via di Porta Cavalleggeri hat auch so eine Rampe. Wenn ich mich nicht irre, man kann es vom Bus aus nicht so gut sehen, leben dort auch Menschen. Ob die diese Rampe auch mal in eine Kirche gebaut bekommen?

Weiter geht es zur Kirche Santa Sabina, die mich durch ihre karge Form beeindruckt. Ich habe es ja eigentlich nicht so mit barock. Und diese Kirche ist sehr alt. Also wirklich recht frühchristlicher Charakter. Da ergreift mich immer so eine Feierlichkeit. Außerdem besitzt diese Kirche ein Eingangsportal aus Zedernholz, datiert auf das 5. Jahrhundert, in das wunderbare biblische Begebenheiten geschnitzt wurden.

Was offenbar jedoch den meisten Besuchern entgeht, ist, dass der Pharao unverkennbare Züge Napoleons trägt. Der Restaurator nahm sich offenbar die Freiheit heraus, Bonaparte als den Verfolger der Kinder Israels darzustellen. Tststs! Dabei ist doch die Tür so alt! Dattdattdattdarf!

Gegenüber der Tür gibt es noch eine kleine Fensterklappe. Da kann man malerisch durch eine ovale Öffnung auf ein wundertätiges Orangenbäumchen gucken. Sieht einfach hübsch aus.

Also, der Aventin lohnt sich durchaus zum Innehalten.

Petersdom, die zweite

Das konnte ich irgendwie nicht auf mir sitzen lassen. Das kann doch nicht alles sein, dieser völlig überfüllte Touristenmagnet jenseits aller sakralen Aufgabe.

Deshalb starte ich heute Versuch Nummer zwei.

Der Petersdom öffnet um 7 Uhr morgens seine Pforten. Ganz schaffe ich es zwar nicht, stehe aber um halb acht auf dem Petersplatz und bekomme schon das erste Highlight geboten. Die Fassade wird atemberaubend schön von der Morgensonne in Orange- und Goldtönen beleuchtet. Sollte jeder mal gesehen haben! Ach nee, deswegen bin ich ja hier, dass eben nicht „jeder" da steht. Der Petersplatz wirkt fast verwaist. Die ersten Pilgergruppen, eine sogar mit einem englischen Kardinal als Vorturner, kommen angezuckelt, aber alles hat noch Zeit und vor allem Platz!

Schnell bin ich durch die Kontrolle, die Beamten geben sich hier wie das letzte Mal überheblich gelangweilt, und dann stehe ich gefühlt alleine in der großen Basilika. Bestimmt sind hier schon ein paar Hundert Menschen drin, aber das verläuft sich. Einige Barrieren stehen da, aber der Weg bis zur Balustrade des Petersgrabes ist frei. Ich steh und staune. Ich laufe und staune! Das es das doch gibt, kaum zu glauben. Ich picke mir noch ein paar Kleinigkeiten heraus, das Schweißtuch der heiligen Veronika an einem Vierungspfeiler, ebenso die Lanze des Longinus gegenüber. Dann freue ich mich immer über den heiligen Don Bosco, der an einem Vierungspfeiler in der ersten Etage steht. Wobei, wahrscheinlich, an einem mehrstöckigen Haus gemessen, steht er schon im achten Stock. Hach, was sind das hier für Dimensionen! Einer der Vierungspfeiler, habe ich gelesen, ist so groß wie San Carlo alle Quattro Fontane selbst, also die Kirche mit dieser gelungenen optischen Täuschung. Erstaunlich.

Dann gehe ich wieder hinaus und bewundere den immer noch relativ leeren Petersplatz. Tatsächlich sind ein paar Barrieren weggeräumt und ich finde sogar eine der Marmorplatten, auf die man sich stellen muss, um statt der zwei Säulenreihen der Kolonaden nur eine zu sehen. Und es funktioniert. Was für eine Symmetrie, was für ein genialer Gedanke!

Tja, wie sagt doch der Engländer so schön: The early bird catches the worm. Ich hätte mir auch gleich meine eigene Empfehlung der ersten paar Seiten zu Herzen nehmen können.

Über die römische Gelassenheit

Immer wieder schön, das hier zu beobachten: die Fahrten im Bus, wenn es jeder hinnimmt, dass der Fuß des Vordermannes die schönen Lederpumps zerquetscht und die Einkaufstasche der Signora daneben keinen Platz zum Stehen mehr lässt. Und überall dieser stoisch unbeeindruckte Blick. Wer war noch mal das temperamentvolle Volk der Italiener? Heißblütig? Amore! Vendetta!

Aber nicht im Alltag.

Ein schönes Beispiel auch heute wieder in der Bäckerei: die junge Dame, die offenbar ihr Brautkleid in einem riesigen weißen Kleidersack unter dem Arm trägt, muss trotzdem an der Bar noch schnell einen Espresso schlürfen. Dann eilt sie mit dem Kleid von dannen.

Gestern bei Pompi, einer der berühmtesten Konfiserien der Stadt. Ich wähle eine Kreation mit Maronen, Sahne und Baiser. Der Fachmann hinter der Theke fragt mich, wie lange ich brauche, bis ich es esse. Ich mutmaße mal zwei Stunden. Oh nein, da können wir der Signora nicht das aus der Auslage mitgeben. Ein junger Kollege wird aktiviert, ein neues Päckchen aus der Tiefkühltruhe zu bergen. Wenn die Signora dann zu Hause ist, ist es gerade richtig zum Essen. Und tatsächlich: das war es!

„Moderne" Kunst

Ich wollte mich auf dem weiten Feld des Impressionismus auch in Rom mal umsehen. Das ist so ein Steckenpferd von mir. Und da schau ich doch mal ins Internet, wo es denn hier so etwas geben könnte.

Und zwar in der GNAM, in der „Galleria Nazionale d'Arte Moderna". Da ist die Kunst ab etwa 1800 ausgestellt.

Is klar. In dieser Stadt, wo jeder Stein vor mindestens 2000 Jahren schon mal bearbeitet worden ist, ist ein Canova moderne Kunst.

Ich weiß auch, dass die ganz moderne Kunst, also die wirklich zeitgenössische im MAXXI ausgestellt wird, im großartigen Kunstpalast der Architektin Zaha Hadid, aber wie ich dann schon einmal erwähnte: ganz modern ist nicht so meins. Nur'n bisschen modern. Da bin ich wohl dann im GNAM genau richtig.

Als ich davor stehe, bin ich erst einmal überwältigt. Das GNAM ist am Rande des Parco Borghese auch schon als Ausstellungsgebäude 1911 errichtet worden, der „Pavillon der schönen Künste". Ein Hammerding.

Darin Platz. Verschwenderisch genutzter Platz. Riesenräume mit vielleicht sechs Exponaten. Statuen von Canova und Co., die sich einem Kunstwerk zuwenden, ein Jupiter neben einem Großraum-Hammer-und-Sichelgemälde von Warhol. Dadurch eine punktgenaue Landung des Auges auf den Ausstellungsstücken. Mehr Eyecatching geht nicht.

Die Kunstwerke sind insgesamt vielleicht nicht die Creme de la Creme, aber immerhin, neben den italienischen Künstlern, die ich, Asche auf mein Haupt, zum Großteil nicht kenne, gibt es Klimt, Rodin, Monet und auch Kandinsky und Mondrian zu sehen, um nur einige bekannte Namen zu nennen. Aber das tollste ist die Anordnung der Kunstwerke im Raum. Finde ich.

Es gibt immer zwei Seiten

Das habe ich heute mal wieder im Hendrik Christian Andersen Museum festgestellt. Wie? Nicht bekannt? Nee, hat auch nichts mit dem Märchenerzähler Hans Christian Andersen zu tun. Anscheinend nicht mal entfernt verwandt.

Dieser Andersen hier ist Bildhauer. Und hat um 1900 gelebt und zwar in Bergen, Boston, Paris und...ja, klar...Rom.

Ich musste klingeln, denn obwohl der Reiseführer versprach, dass es hier auch ein kleines Café gebe – das impliziert ja einen gewissen Besucherstrom – war ich die einzige Besucherin.

Ich wurde denn hereingebeten und ein sehr netter älterer Herr, er sprach auch ein wenig Deutsch, gab mir ein paar Informationen an die Hand. Er sprach immer von „Hendrik", als ob er ihn persönlich gekannt hätte. Mag sein. Der Künstler ist 1940 verblichen und der hier könnte durchaus die 80 auf dem Buckel haben.

Ich wurde dann in das Atelier und die Galerie geführt. Atelier war halt seine Werkstatt, Galerie für die Leute zum Gucken. Das schöne ist nämlich, dass er dieses Haus, in dem sich nun das Museum befindet, selbst gebaut hat, also seinen Wünschen entsprechend.

Aber die Exponate!

Kunst ist bekanntlich Geschmackssache. Der Meister hatte eine Idee, eine Vision und zwar, eine Weltstadt. Diese Idee hat er übrigens mit vielen anderen seiner

Zeit geteilt und mit Ernest Hebrard, einem Architekten und Künstler seiner Zeit, einen dicken Schinken darüber herausgebracht. Aber die Dinger hier drin sind alle so an die drei Meter hoch, haben auch als Frauen für meine Begriffe alle die gleichen Gesichter und einen Mottenfiffi auf dem Kopf. Hätte meine Mutter jetzt gesagt. Sieht aus, wie eine Pferdedecke, sollen aber wohl Haare sein. Dazu stehen sie fast alle mit durchgedrücktem Kreuz – „Flamme empor!" – und schmeißen die Arme in die Luft. Wahlweise auch ein paar Kinder haltend. Puh! Das ist eine Paarung zwischen Jugenstil und faschistischer Kunst.

Ich habe nochmal nachgesehen. Bei einem Paar, ein Mann und eine Frau, hat er die exakt gleichen Beine genommen. Von vorne kann man an den Körpern jede Rippe sehen, und von hinten haben sie die gleichen groben Konturen.

Aber!

Die Villa ist einen Besuch wert. Gerade, wenn man sich von dem Film, der leider nur auf Italienisch anzusehen ist, ein bisschen was erklären lässt. Eine Beletage des anfänglichen 20. Jahrhunderts. Nur, dass diese Beletage im dritten Stock liegt, weil das Atelier wegen der Statuen ja überdimensional hoch ist. Hier könnte man sich auch vorstellen, nett zu residieren. Respekt, Herr Andersen! Dafür, dass sie so einen billigen Kunstgeschmack besitzen, ist die Hütte aber nett geworden...

Melancholische Gedanken

Was tu ich hier so in den letzten Tagen...

Ich versuche, alles in mich aufzusaugen. Fahre am liebsten mit dem Bus, um noch hier und da einen besonderen Blick zu erhaschen, die Straße noch im anderen Licht betrachten zu können.

Irgendwie wird der Abschied mir schwer.

Ja! Ich freu' mich auf zu Hause. Auf meinen liebsten Ehemann, auf unseren Jüngsten, auf die Heimat, unser Haus und Weihnachtspapier. „Aber hier ist doch auch schön", jammert es in mir.

Vor allem ist das Wetter hier definitiv besser. Ich hatte ja gedacht, dass mich Rom im November achtkantig rausschmeißen würde. Kalt, nass, ungemütlich. Aber das Gegenteil ist der Fall. Es lockt mit frühlingswarmen Temperaturen, touristenfreien begehbaren Straßen und fantastischem Licht. Wie gemein!

Aber natürlich kann das hier nicht immer währen. Es hätte auch seinen Reiz verloren, wenn es Gewohnheit wäre, schon klar.

Aber Abschied nehmen ist immer doof.

Ich freu' mich auf mein heimatliches, kuschliges Steppbett.

Ätsch, Rom, DAS hast du nicht für mich!

Begegnung zwischen den Gleisen

Ich hatte mir überlegt, die Strecke zwischen zwei Orten mit dem Bus zurückzulegen, da ich aber unterwegs noch ein paar Kleinigkeiten „mitnehmen" wollte, bin ich dann doch zu Fuß gegangen.

Und da bin ich über Santa Bibiana gestolpert. Die Fassade ist von Bernini und drinnen gibt es Fresken von Pietro da Cortona, aber diese Kirche liegt sowas von blöd, man nimmt sie eigentlich nicht wahr. Der Hauptbahnhof ist auf der einen Seite drum herum gebaut, auf der anderen Seite führt die Via Giolitti in der hässlichsten Art vorbei und man muss zwei Straßenbahnschienen überqueren, um hinüber zu kommen, durch metertiefe Löcher im Asphalt und Unrat. Aber hier zeigt sich das wieder, was ich am Anfang schon bemerkt habe, das Nebeneinander von hell und dunkel, arm und reich, teurer Laden, billiger Laden und tja, Kunstwerk und Hinterhof.

Ich stehe da so vor der Kirche, die trotz Öffnungszeit geschlossen ist – wie überraschend – da kommt ein kleiner alter Herr auf mich zu gewuselt. Er arbeitet offenbar gerade in dem winzigen, oasenartigen Vorgarten, denn er trägt Arbeitshandschuhe.

Ich frage beherzt, ob die Kirche zu besichtigen sei. Oh, das ist schwer, ich soll mal hereinkommen und er öffnet mir die Tür. Dann werde ich erst einmal in eine Ecke beordert. Er spingst dann in die Kirche hinein und ich werde heran gewunken. Ob ich „Inglese" wäre, Engländerin. Nein, ich könne zwar Englisch, aber ich wäre Deutsche. Und der Mann antwortet mir auf Deutsch! Leider wäre die Putzfrau gerade da. Mittwoch und Samstag wäre immer Putztag. Ich dürfte mich an die Schwelle stellen und mal einen Blick riskieren. Das tue ich dann auch. Die Kirche ist verhältnismäßig klein und ich sehe von hinten nicht viel, außer der Putzfrau, die gerade eine Seitenkapelle bearbeitet, aber nett ist es schon. Und vor allem eine dieser zahllosen besonderen Augenblicke.

Ich bedanke mich artig und der alte Herr bringt mich stolz zum Tor. Ich solle doch an einem anderen Tag wiederkommen. Da könnte ich viel mehr sehen. Nur nicht am Mittwoch, oder Samstage, denn da wäre ja...jaja, schon klar.

Ich stapfe von dannen und hätte mich doch beinahe noch umgedreht um ihm zu winken.

Nachtrag zu Benjamino

Man erinnert sich? Der ältere Herr hier aus dem Haus mit dem Handkuss?

Tja, die Sache war mit Ferdinandos Eingreifen leider noch nicht ausgestanden.

Als mein liebster Ehemann dann in den Ferien hier weilte, stellte ich ihm Benjamino, der „zufällig" über den Hof lief vor. Wie lang er denn bleiben würde. Lange, dass das mal klar ist!

Fehlanzeige.

Genau einen Tag, nachdem die Familie abgereist war, begegnete ich ihm wieder. Zwar draußen bei den Bushaltestellen, aber seltsam war es doch. Er wäre ja so krank gewesen, wo er mich nicht hätte sehen können. Das Ganze immer mit einem kleinen verschmitzten Lächeln, aber mit mindestens zehn Handküssen begleitet. Och nö! Ich kann ihm die Hand auch nicht entreißen, der hält sie einfach fest!

Irgendwann kann ich fliehen. Gehe nach Hause und wasche Wäsche. Ich öffne die Terrassentür, stelle den Wäscheständer auf und bringe die Schüssel mit der Wäsche zum Aufhängen nach draußen. Ruft mir eine Stimme von der Straße direkt unterhalb meiner Terrasse durch die Hecke zu „Ciao, Cristina".

Gibt es denn das?

Der hat da draußen gestanden und gewartet, ich glaub's ja nicht! Ich flüchte nach drinnen und warte mit der Wäsche, bis er weg ist. So was Dummes! Vor allem, weil ich mich davon beeinflussen lasse. Ich weiß, der tut ja nix, der will nur spielen, aber ich nicht! Das nervt! Ich will nicht immer denken, ist die Luft rein? Kann ich jetzt raus?

Dann gab es eine lange Pause. Vielleicht hat er doch gemerkt, dass ich das nicht will?

Bis gestern. Das Übliche.

Naja. Vielleicht ist das der Romrausschmeißer für mich, nicht das Wetter.

Es herbstet

Jetzt fällt es mir doch schwer, amüsante Gedanken zu fassen. Nur noch ein paar Tage, und ich werde wieder zu Hause sein.

So lange drauf gefreut, und jetzt muss ich bald schon sagen: „Ich durfte drei Monate in Rom leben".

Keine Frage, ich freue mich auf Zuhause. Dort schlägt mein Herz, aber hier ist es eben auch schön. Vor allem das Wetter. Und Abschiednehmen ist doch immer doof, auch von einer Stadt.

Schön, dass mir über diese letzten Tage Freunde aus Deutschland über die Runden helfen. Orte abklappern, an denen ich schon war, ihnen „mein" Rom zeigen.

Eine meiner Lieblingskirchen zum Beispiel, San Paolo fuori le Mura, die beim Eintreten mit einer Kreuzgang-Oase lockt und dann ein überwältigendes Kircheninnere bietet, das vor dem Bau des Petersdomes das größte Roms war. Der Kreuzgang in der Kirche San Giovanni in Laterano, dessen Säulenpaare alle anders gestaltet sind und teilweise mit wunderbarer Mosaikarbeit überzogen sind. All das muss ich zurücklassen, denn dafür ist in Seelscheid wohl kein Platz.

Ich weiß, wenn ich unterwegs bin, werde ich gleich wieder nach vorne schauen und Rom wird eine wunderbare Erinnerung sein, aber jetzt ist halt sehr viel Wehmut dabei. Es ist einfach doch meine Lieblingsstadt.

Zum guten Schluss- ein Kuss...

Zum Schluss möchte ich nicht verheimlichen, dass ich an Meike Winnemuth, man erinnere sich an das vierte Kapitel „Ein Tag am Meer", dass ich mich durchgerungen hatte, ihr eine begeisterte Mail zu schreiben. Was ich sonst eher selten mache, weil mir das so wie kreischendes Fan-Gehabe vorkommt. Mich hat aber ihr Buch so sehr angesprochen, dass ich dachte, was soll's. Autoren freuen sich vielleicht auch mal über eine positive Kritik von der Basis.

Sie schrieb mir gleich nach zwei Tagen zurück:

„Große Klasse, liebe Frau Rettberg! Ich freue mich sehr für Sie – alles richtig gemacht. Am schönsten finde ich, dass Sie mit so großem Rückenwind starten konnten. Ich kenne viele Leute, die so eine Sehnsucht haben, denen aber von Partner und Familie nur Klötze in den Weg gelegt werden. Freuen Sie sich, Sie haben den richtigen Mann geheiratet!

Viele schöne Tage noch in Rom, sehr herzlich, Meike Winnemuth"

Darauf gibt es nun wirklich nichts mehr zu sagen.

...und noch einige Tipps

Was man sowieso gesehen haben sollte, nicht in einer bestimmten Reihenfolge zu lesen:

- Petersdom
- Vatikanische Museen mit Sixtinischer Kapelle und Stanzen des Raffael
- Forum Romanum mit Palatin
- Colosseum
- Piazza Navona
- Pantheon
- Fontana di Trevi
- Spanische Treppe
- Eine Katakombe (ich bevorzuge die der Priscilla)
- Via Appia Antica

Meine Highlights, wenn das „Must See" schon abgear-
beitet ist:

- Palazzo Valentini (Römervillen)
- Palazzo Massimo alle Therme
- SS. Quattro Coronati
- Villa Medici
- Die Engelsburg gegen Abend
- Museo Montemartini
- Via Margutta
- Campo de' Fiori und angrenzende Gebiete
- San Clemente
- Ostia antica

Zum Essen:

1. Ins „Sora Lella", wenn es römisch lecker sein soll, aber nicht zu billig
2. In die „Birreria Peroni", wenn es rustikal, bodenständig und preiswert sein darf
3. Ins „Open Colonna", wenn es mittags stylisch und hell sein kann.
4. In die „Babbington Tearooms", wenn es teuer und englisch sein soll
5. Für den schnellen Kaffee (schwarz= americano, oder eben Cappuccino und Co) in jedem beliebigen Café an der Bar (preiswerter, eventuell kann man sich auch alles auf einfache Stühle mitnehmen), zuerst an der Kasse zahlen!
6. Ins Café Colbert in der Villa Medici, wenn man sich an der Wache vorbeiwurschtelt, die Treppe hinaufsteigt und sich wie Gott in Frankreich fühlen möchte. Zumindest wie in einem Palazzo)
7. Terrazza Caffarelli im Kapitolinischen Museum, wenn man über den Dächern von Rom sitzen möchte. Drinnen gibt es eine günstige Kantinenvariante und draußen, wo es viiiel schöner ist, ist es – na was denn? – klar: teurer.

Quellen

- Reiseführer „Rom", Verlag National Geographic
- Bildatlas „Rom", Barbara Schäfer und Frank Heuer, Dumont
- Kirchenführer „Rom", Herbert Rosendorfer, E.A. Seemann-Verlag
- Verborgenes Rom, Der Reiseführer der Einwohner, Verlag JonGlez
- Gebrauchsanweisung für Rom, Birgit Schönau, Verlag Piper

Aber es gibt natürlich noch reichlich andere sehr gute Literatur zum Thema. Das war halt die Auswahl, die ich dabei hatte.

Als Reiselektüre fand ich die Papst-Krimis von Jan Chorin und Johanna Alba toll. Sie benennen darin viele Plätze, die man zwangsläufig besucht. Der Haken dabei: Man darf den Heiligen Stuhl dabei nicht zu ernst nehmen. Vielleicht fühlt sich manch Leser davon auf den Schlips getreten. Ich eindeutig nicht.

Über die Autorin

Christine Rettberg lebt und arbeitet im schönen Bergischen Land. Als Apothekerin mit Mann, Kindern und Haus.

Trotzdem gibt es da die große Sehnsucht, neue Orte zu entdecken und natürlich die ganz große Rom - Affinität. Was die vier weiteren Familienmitglieder manchmal aufstöhnen lässt, wenn es mal wieder heißt: „Ich war schon lang' nicht mehr in Rom. Da könnte ich doch mal wieder hinfahren".

Christine Rettberg hat bereits unter dem Pseudonym C.E.C. Singh zwei Bücher als E-Book über Amazon veröffentlicht.